リトリーバル

過去世の救出

ブルース・モーエン流「死後探索」が私を変えた！

大槻優子 ブルース・モーエン
公認トレーナー

ハート出版

謝　辞

この「リトリーバル」という言葉と手法が、広く知られ、
意識の向上に貢献できるよう、今後も努力を惜しまないことを誓いつつ、
以下のみなさまに、深い感謝の気持ちを捧げます。

画期的な死後探索のメソッドを考案し、教えてくれた
我が師、ブルース・モーエンに。

理路整然とした死後世界を私たちに提示してくれた
『死後体験』の著者、坂本政道氏に。

本書に登場する、様々な体験やエピソードに貢献してくれた、
友人やワークショップでご一緒した皆さまに。

体験談に登場する、すべての非物質世界の登場人物とヘルパーたちに。

トレーナーへの道を切り開き、本書の出版に尽力してくれた、
ガイドたちやロバート・A・モンロー氏ほか、非物質世界の住人たちに。

幾多の叡智に繋がる知識とアイデアを提供してくれた、精霊たちに。

ともに学び高め合うことのできる素晴らしい仲間である、トレーナーたちに。

そして、出版の機会を提供し、本書の作成に尽力してくれた、
ハート出版の日高裕明社長をはじめとするスタッフのみなさまに。

はじめに

もしかしたら、みなさんはこの本を読んで、「これは、トレーナーになるような特別な人だからできた、知り得たこと」と感じるかもしれません。

しかし、そうではないことを初めにお伝えしておきましょう。

私は、霊能力も取りたてて誇れる技能も、何も持たない、ごくふつうの人間です。

その私が死後世界の住人とコミュニケーションを取り、「リトリーバル」という不思議なメソッド（技法）を教えることになったのは、偶然ではなく、実は何か意味があるように思います。

そう思わないと理解できないようなことが、私の周りには次々と起こり始めています。それは、私がたまたま人生を彼らに委ねたときから始まったのかもしれません。それとも、生まれ落ちる前から決まっていたのでしょうか。

それらを知ることと、私に中にある遥か未来のイマジネーションが本当のことなのかを確かめるために、私はこの先もリトリーバルとともに死後探索を続けていくだろうと思います。

ひとつを知ると、その先にさらに新たな未知があることに気づき、終わりなき探索の旅は続いていきます。そして、ひとつの未知が既知になるとき、人はひと回り大きくなれるのかもしれません。

「リトリーバル」は、私にたくさんのことを教えてくれました。

「無条件の愛」とは、どんなものでしょう?

生きるとは、人間意識に何を求めているのでしょうか?

豊かさを得るには、何が必要なのでしょうか?

そして、

本当の幸せとは、どんなものでしょうか?

私も今、それらの探索の旅の途中にいます。もちろん、私の得た理解の先にも新たな理解があり、また、私とは別の理解も存在するでしょう。そして、理解したことを生きるステージに現実化することは、さらに難しいことです。

でも、こんな私にできたことなら、みなさんにはもっと素晴らしい体験と理解があるはずです。だからこそ、みなさんにも「究極の旅」からぜひそれらを発見してほしいと思います。それが、理解したことを実生活に活かすための近道だと確信します。そして、きっとそれがあなたの幸せに通じる道だと思うのです。

少しでも、みなさんのお役に立つ情報を提供できたらと思いつつ、私の感じる幸せを基盤に、そのためのヒントを盛り込みながら書き進めたつもりです。

ですから、ここに書かれていることは、「ブルース・モーエンの死後探索メソッド」を通じて得た私個人の体験と知識・感覚であり、ブルースの教えを代弁するものではありません。また、トレーナーすべての考えをまとめたものでもないことをここに確認しておきます。

今、混沌と行き詰まりの時代だと実感している人も多いでしょう。しかし必ず、そこから抜け出す道は存在します。あなたが、探索の中からその答えを見つける手助けができたら、何よりの歓びです。

目次★「リトリーバル過去世の救出」

第1章
リトリーバルは人生を変える？

自分の人生の目的は何だろう？

自分は何をするために生まれて来たのだろう？

あなたは、そんなことを考えたことはありますか？

さらに、何か大切なことを忘れてしまっているような、落ち着かない不思議な気持ちになったことはありますか？

私はそんなことを考えながら、いつかきっとわかるはずと、20年余りを日々の生活に追われながら過ごしていました。そのあいだも実生活では、結婚してふたりの子どもを授かり、一応それなりの嫁・妻・母の役を果たして来ました。

世間的にはとくに不自由なく幸せそうな日々を過ごしながらも、何か自分の人生を歩んでいないような、霧の中を目隠しで進んでいるような、不安定な心を常に抱えていました。心はいつもそこになく、どこか別のところにあるようで、でもそれがどこかわからないもどかしさがイライラを募らせていきます。

いろいろやってみました。でも、何をしても満たされない私の心がそこにありました。すぐそこに家族がいても、私の心はいつも孤独感を感じ、それをごまかすかのように「私は幸せ」と言い聞かせながら、一日一日をやり過ごしていました。

あなたは、どうですか？

今、幸せですか？

生きている実感が持てていますか？

こんな私が、今このような本を書かせていただいているのは、たぶん、心から幸せだと感じられるようになったからだと思うのです。あの頃とはまるで違う心持ちがそこにあります。穏やかで幸せなその感覚は、いつも私を包んでくれます。

さらに、予期せぬ出来事が私の周りには次々と起こり、生きている実感とともに新しい幸せを運んで来ます。と書くと、楽しいことばかりが起こっているように感じるでしょうが、そうではありません。どんな出来事も、どんな人も、苦と思わずにいられるようになったからです。

こんなふうに私を変えたのは、スピリチュアルな世界との出会いと、「リトリーバル」という不思議な技法をマスターしたからでしょう。

どうも「リトリーバル」にはそんな力があるようです。

大袈裟《げさ》ではなく、リトリーバルによって人生が変わってしまったのは、私だけではないようです。坂本政道氏やブルース・モーエン氏を始め、私の周りの多くのワークショップ参加者に及びます。そしてそれらの人々は、みな自分の人生をしっかりと歩み始めることに成功しているのです。

もし今あなたが、自分の人生に迷い、不安を抱えて暗中模索しているなら、ぜひ、リトリーバルをマスターすることをお勧めします。これを手にしているあなたは、もうその準備ができているはずですから。

「リトリーバル」との出会いは話題の本『死後体験』

私が「リトリーバル」に初めて出会ったのは、坂本政道・著『死後体験』シリーズです。今から5年ほど前、平成16年のことです。

友人とのたわいない話の中で本の話題になり、

「図書館にリクエストすると新刊が結構早く借りられちゃうのよ。新聞の広告で気になった本をリクエストするの」と友人が言うので、ちょうどその頃、新聞広告でよく目にしていた『死後体験』は読んだことがあるかと聞くと、

「読んだ、読んだ！　とっても面白かった。不思議な本よ。わたし大好き！」と。

彼女がスピリチュアルなことに興味があったとは全く知らなかった私は、びっくりしました。

彼女曰《いわ》く、スピリチュアルな話は気をつけないと引かれちゃうから、ほとんど話せる人がいないそうです。

そんなものなのかな？　と思いつつ、その頃は既に2冊目が出ていたのですが、ま

ずは1冊目を買って帰りました。そして、私は彼女が言うように、不思議な世界に誘われるように一気に読み進めました。

内容的には、アメリカのモンロー研究での「ヘミシンク」という音響技術を使った死後体験エクササイズの詳細な記録を中心に綴られています。この本がきっかけで、その後「ヘミシンク」は日本で絶大なファンを持つことになります。

その中には、それまで私が見聞きしてきた死後の世界とは全く違う印象の「死後世界」が広がっていました。幽界や霊界、天国や地獄、幽霊や神でなく、フォーカス番号で表される死後世界エリアがあり、おどろおどろしい怪奇の世界ではなく、理路整然とした情報が淡々と描かれています。

それは、坂本氏の体験した「ヘミシンク」を考案したモンローさんも、さらに坂本氏も才能あるエンジニアであり、そういう理系人間が死後世界を覗くと、そんなふうに捉えられるからかもしれません。かくいう私も、理系頭の人間です。

そして、不思議だったのが、坂本氏が体験した世界がすんなりと私の中に抵抗なく受け入れられてしまったことです。私は何の体験もしていない。それなのにまるで自分の体験のように存在感を持ってしまった死後世界は、私の中でどんどん膨らんでいきました。忘れていた記憶が甦り、私の心に語りかけてくるような、不思議な感覚です。

「ちょっと待って、この人の言うことを簡単に信じていいの？　いろいろなエリアやセンターが出てきて、何やらおしゃべりなんかしちゃってる。ヘッドホンで変なＣＤ聞かされて……、危ないかも！　信じちゃダメよ！」

もうひとりの私が必死で止めた甲斐もなく、そこに描かれた「死後世界」は、日に日に私の中に初めからいたように現実味を増していきました。

そして、もうひとつ衝撃的だったのが、人は死んでもかなりの割合が次の生の準備をするエリアにすんなり辿り着けず、囚われのエリアのフォーカス23や、信念体系領域のフォーカス24～26に入ってしまうということでした。

「フォーカス」というのは、モンロー研究所で使われている用語で、様々な死後世界のエリアをナンバーを付け分別するための言葉です。

とくにフォーカス23は、自分が死んだことに気づいていない人、また受け入れられない人、物質界に何らかの強い思いを抱き離れられずにいる人たちが、ほとんど単独で存在しています。自ら命を絶った者も自責の念を抱き、ここにとどまることが多いようです。いわゆる幽霊もここの住人です。

また、フォーカス24～26の信念体系領域とは、特定の共通の価値観や信念を持つ者たちがひとつの世界を創り存在しているエリアです。

死後世界では、簡単に自分の想念が具現化、実体化します。さらに、同じ想念を抱く者が数多く集まればその力は強力になり、抜け出すのも容易ではありません。そんなエリアの種類は実に多種多様で、日々増えているともいわれています。

そのひとつに「さながら地獄」「さながら天国」と思える世界があるそうです。たとえば、自分は悪いことをしたから死んだら地獄に行って辛い修行をさせられると信じている人は「さながら地獄」に行き、ある宗教で、こんな天国に行きますよと教え込めば、信者たちはこぞってその通りの「さながら天国」に入り込んでしまうことになります。こういう天国のようなところに入ると居心地も悪くはないので、本当の天国ではないと気づかず、そこから出るのはとても難しいようです。

そのようなエリアから、輪廻転生をサポートするエリアであるフォーカス27に連れ出すこと、あるいはそこに近づくエリアへ移動させることを「リトリーバル」といいます。通常も、リトリーバルを行なっている死後世界の存在たちがたくさんいるのですが、そんな世界に入り込んでしまっている人たちには彼らが見えづらいようで、私たち物質界の者のほうがコンタクトを取りやすいらしいのです。そこで、その繋ぎ役を私たちが担います。

「リトリーバル」は、仏教的にいえば「魂の浄化」に当たるでしょう。ふつう、このようなことができるのは、特別な能力を持った霊能者やシャーマンであり、幽霊を見たこともない自分にそんなことができるとは信じ難い気がしました。それに、何だか危険な感じもします。

そこで私が思ったのは、囚われのエリアや信念体系に入ってしまった人は仕方ないとして、それよりこれからそういうところに入り込まないように、今生きている人にこの事実を知らせることが先決だという考えでした。そこで、スピリチュアルな本をいろいろと読み勉強することにしました。

その中でわかったことは、執着心を持たないようにすることが一番だということでした。執着しないということは、持たない、行なわないことではなく、いつでもそれを手放すことができる状態です。

たとえば、お金が好きで大切に持っていても良いのです。多くの収入を得るよう努力することは執着ではありません。でも、それがなければ生きていけないと思うようなら、それは執着です。お金を持たない人の中にも、執着している人はたくさんいます。それが証拠に、お金が入り出すと、もっともっとと欲深くなったり、生活をがらりと変えてしまう人が多いですよね。

あなたは、どうですか？　お金の世界に入り込まない自信ありますか？

そんな中で、人を説得するにはやはり実体験が必要だと思うようになった私は、坂本氏の主催する宿泊セミナーに参加してみました。ヘミシンクという特殊なＣＤをステレオヘッドホンで聴いて変性意識状態を作り出すことで、様々なエリアに導いて行きます。きっと何か体験を得ることができると、期待に胸を膨らませ、やる気満々で臨みました。

しかし、残念なことに高まる期待とは裏腹に、報告できるような体験は得られませんでした。それがなぜかは、のちにブルースのワークショップに参加してわかることになります。これも今となっては、トレーナーとしてみなさんにお教えする際の大きな財産になっています。

ブルース・モーエンとの出会い

ブルース・モーエンの『死後探索』シリーズ、第1弾『未知への旅立ち』翻訳版が出たのが、２００５年12月。これも、同じくハート出版で坂本政道氏の監訳です。すぐに買って読みました。坂本氏の本の中にもブルースの本からの引用があり、早く読んでみたいと待ちかねての発売でした。結構ボリュームがあるにもかかわらず、私は一気に読み上げ、すっかりブルースのファンになりました。

知的で穏やかな語り口と誠実さ、その反面、物事を分析する理系的発想にとても愛着を感じました。何より親しみを抱いたのは、ブルース自身が自分の死後探索の体験を信じることができず、証拠集めに躍起になるところです。なんと、２冊目の途中まで彼は自分の体験を信じず、想像に違いないと思っていたのです。そんな一面に人間らしさを感じ、会ったこともないのに親しみを覚えました。

そして、多くのことをブルースの言葉、彼の体験から学ばせてもらっています。

たとえば、この疑いの感覚は、死後世界とコンタクトを持つ者にはいつも付いて回るものです。人の体験は信じられても、自分の体験だとなかなかそのまま受け入れ難い。ブルースはいつも言います。

「僕の言うことは信じなくていいんだよ。でも、自分の体験は信頼し受け入れてほしい。それが知覚を広げることに必ず役立つから」と。

ブルースはそれができずに長い年月を暗中模索のまま過ごしてしまったそうです。だからこそ「これから学ぶみなさんには、僕の失敗から学び、そんな過ちを犯さずどんどん進んでほしい」と話します。

そんな話を聞いていても、実は私もいつも「これは私の想像に違いない！」という強い思いに駆られます。それを和らげてくれるのは、ガイドの失笑と証拠のヒットです。エクササイズをする度に「信じているけど、どこか疑っている」、毎回そんな気持ちと戦っています。

そしてついに、２００７年８月、ブルース・モーエンのワークショップに参加し、私の人生は大きく変わって行きます。

「リトリーバル」に興味のなかった私がトレーナーに！

私が、ブルースのワークショップに参加した理由は、死後世界があるということを伝えるための体験がほしかったからです。ですから、体験の仕方を教える立場になろうとは、その時は考えもしませんでした。

しかし、ワークショップで探索の体験を重ね、10日間が終わる頃には、私は興奮でいっぱいになっていました。幾つかの体験は、死後世界の存在をはっきり実感できるものでしたし、証拠が確認できたものもありました。なんとすごいワークショップなのだろうと、私はすっかりとりこになってしまったのです。

その感動の余韻は薄れることなく、まず、自分でアレンジしながら習いたてのエクササイズを使い、いろいろな探索を試してみました。自分や家族のガイドと話してみたり、過去世を見せてもらったり、友人の悩みの解決のため過去世をリトリーバルしたり……。

それとともに、とにかくブルースのワークショップの感動を話したくて仕方がない私は、スピリチュアルな話をしても受け入れてもらえそうな友人に、聞いて聞いてと片っ端から連絡していました。

幾人かの友人と話すうち、なぜか教えられるという根拠のない自信が湧いてきました。そしてそれは日に日に高まり、教えたいに変わっていきました。そこで、ワークショップの主催者にトレーナーシステムについて質問してみると、

「ブルースは、もう10年以上教えているが正式なトレーナー希望者はなく、後継者もいない。だがそろそろトレーナーを育てる段階に来ており、今の最優先課題はトレーナーコースを作ることだと思っているそうだ」とのメールをもらいました。

こんなに素晴らしいメソッド（技法）を、なぜ誰も教えようとは思わないのだろう？

信じられない気持ちでした。海外数か国で教えていると聞いているが、そのつどブルースを呼んで教えてもらえば良いと思っているのだろうか？

さらに、「トレーナーになるにはワークショップに2回参加し、Q&Aセッションを受け、その後トレーナーコースに参加することが必要」という情報をもらいました。それを聞き、「早く実現したい！」と、心の奥が沸き立つような不思議な感覚を抑えることができなくなりました。自分でもなぜなのか理解し難い感覚です。

ワークショップに参加した時は、人様に教えるつもりは全くありませんでしたが、幸いしっかりノートを取っていました。ワークショップは通訳付きで、英語が苦手な私は、ブルースが話している時間を利用し、話の内容をほとんどノートに書き取ることができたのです。そのノートはバージョンアップしながら、今も大切に使っています。

とはいっても、たった一度それも初めて習った内容を人に教え、さらに体験に導くことはそんなに容易ではないはずです。それにもかかわらず、その時の私には根拠のない自信があり、自分が教えている姿が浮かんできてしまうのです。

そんなある日、坂本氏のセミナーで同室だった友人と会い、「私もリトリーバルしてみたい！」と言われたことから、とんとん拍子に話が進み、お試しセミナーを開催することになりました。

６人の参加者があり、その中にはヘミシンクを全く経験していない方が２人いましたが、何かしらの体験を得ることができ、また、今まで見ていたビジョンの意味が繋がった人もいました。私はさらに教える自信を持つことができました。

今にして思えば、このお試しセミナーもガイドたちの仕組んだことなのだろうと思います。私を守護するガイドは策士揃いで、その後このようなタイミングのよい出来事で流れが変わったり、何かを学ぶきっかけになったりすることがずっと続いていますから。楽しみではありますが、何が起こるか教えてくれないことが多いので、「次は何？」といつも気を抜けない毎日です。

みなさんは、こんなふうによくわからないうちに、気がついたら何かのレールの上に乗っていたという経験はありますか？　こんなときは、見えない後押しがあるのかもしれませんね。

そんなサポートを受けながら、私は早速トレーナーになるべく、動き出していました。

過去世の「リトリーバル」が現世の自分を変える

特殊能力を持たないごく普通の人が、ワークショップに参加するだけでリトリーバルができてしまうということは、本当にすごいことです。霊能者たちが行なう特別な技術と思われていた「魂の浄化」と同じ行為です。さらにリトリーバルは、除霊とは違い浄化させるのですから、双方にとって良い結果をもたらします。

私の周りにいるワークショップ参加者は、修行もせずにほとんどの人がリトリーバルや、亡くなった人とのコンタクトに成功しています。それは、ブルースの教えるメソッドが特殊だからでしょうか?

そうではないと私は思います。ブルースが教えることは、実は案外普通のことばかりです。それをわかりやすく、受け入れやすく組み立てています。ということは、私たちは最初からみな、そういうことができる能力を持っていたのかもしれない。忘れていた、あるいは封印していた能力を呼び覚ますだけのこと。そんなふうに思えてなりません。

さらに、リトリーバルを経験した人は、どんどん変わっていきます。それは、いわゆる「覚醒」といえる現象だと思います。死後の世界に触れることで、自分の中の何かが変わる。大袈裟にいえば、人生が変わるのです。私と同じように「生まれて来た意味」を見つけることができる人もいます。

そしてもうひとつの発見は、「過去世のリトリーバル」が現世の自分を変えることです。現世では思い当たる理由のないトラウマや、高所恐怖症、男性不信などの原因が、過去世の記憶から来ている場合があるのです。

みなさん、信じられないかもしれませんが、これはワイス博士の『前世療法』などでも語られていることです。

たとえば、過去世で高いところから落ちて死亡したことが影響し、現世でもその時の恐怖が高所恐怖症という形で記憶に残されている。そのような場合、その過去世の意識が亡くなった場所に恐怖心とともに残っていて、それをリトリーバルすることで現世の状況に改善が見られたりするのです。

理由のないからだの痛みなども、過去世が原因の場合があります。意識の記憶が病気を創り出している場合さえあるのです。

それほど、意識と現実が深く繋がっているということを私たちは忘れてしまっています。

それらの過去世の取り残された部分を拾い集めて完全な自分に戻ること、そのために私たちがこの世に生まれて来たのかも知れないと、ふと思わずにいられません。

過去世の痛みが癒されたとき、現世の自分も同じように癒されていきます。そしてきっと、何かひとつはそこから得るものがあるはずです。私がそうだったように、あなたもリトリーバルなどの死後探索からそれらのことを学ぶ機会があるでしょう。

それらのことをリトリーバルを使用し行なっていくのが、ブルースのワークショップの「自己探索・セルフヒーリングコース」（アドバンスコース）です。これがあったから、私はトレーナーになりたいと強く思ったのです。

このコースの中で得たものは本当に大きいですし、自分を進化させる鍵を掴むことができた参加者がたくさんいます。早く教えられるようになることが、今の私の夢です。

さらに応用範囲が広がるひとつが、リトリーバルは自分だけでなく他の人についてもある程度行なうことができることです。たとえば私の周りに悩みを持つ人が現れ、気になって仕方がない。その人の許可を得て、ガイドに会い過去世を見せてもらい、リトリーバルができるものは行なう。すると、その人は元気になっていったり、何かに気づいてくれたり、事態が改善されたりします。

私も一度だけ、リトリーバルをしてもらったことがあります。ちょっとしたきっかけから、異常な悲しみと痛みの感情に引きずり込まれ、それが過去世から来ていることがはっきりわかりました。その時は感情の波が激しく、とても自分でリトリーバルを行なうことができず、友人に依頼しました。

しばらくして、まるで波が引くように私の感情の高ぶりが引いて行くのがはっきりと実感できたのです。本当に不思議な体験でした。後で、その過去世の話を聞き、一時的に過去世の意識の中に引きずり込まれていたのを確認できました。

そんな不思議なリトリーバル体験を、まるで誰かにセッティングされるように次々行なう状況ができ、その体験の中で私はガイドたちに本当に多くのことを教えてもらいました。

最初は、ボランティアだなぁなどと思っていましたが、とんでもありません。私に必要な学びのテーマがそこにちゃんと用意されていたのです。すべて無駄なことはないのですね。

ここで、過去世の概念について少し触れておこうと思います。

よく霊能者などに視てもらい、私の過去世は誰々という人がいますよね。そんな中で、織田信長の過去世を持つ人が複数いたりします。もし、魂が１個２個と数えられるものなら、それはあり得ないことです。

でもブルースの概念の中では、それはいくらでもある、あっていいことなのです。というのは、人の意識はエネルギーでできていて、死後の世界に帰ると「ハイアーセルフ」という自分の集合体に戻って混ざり合います。そこには、パーソナルの要素も存在しますが、意識は共有化され、お互いにわかり合える状態となります。

概念的には、データをコピーしてそれぞれが持つのと似ているかもしれません。ですから、同じ人のコピーを持てば、そのコピーは自分の過去世と感じるでしょう。また、過去世のすべての要素を持って生まれてくるわけではなく、それぞれに違った部分、あるいは同じ部分を持ってきているようです。同じデータでも、違うページをコピーして取り込んだような関係ですね。

そんなあれこれを、実際に探索しながら確かめたり、教えてもらったりすることで、物の考え方が変わり、より成長した自分になれるのではないでしょうか。

今、あなたに必要なこと――これからは意識の進化の時代

少し知覚が開いてくると、自分の未来をふっと感じることがあります。これからの時代はどんなふうになるでしょう。私が時々視る未来は、何十年も先の未来です。常識では、とっくに死後世界に行っているくらい先の……、妄想と片付けてしまえばそれで終わりですが、そうではない存在感をそこに感じます。そんな不思議な体験をお持ちの方は、この本の読者の中にもたくさんいるのではないでしょうか。

今、人類の意識は「アセンション」を控えているといわれています。アセンションとは、意識の次元上昇のことです。今、私たちの暮らしているこの現実世界は、３次元の世界だそうです。ここでの次元は、幾何学などでいうところの、点と線が１次元、平面が２次元、立体が３次元という概念とは異なります。地球を含めて、意識の次元が３次元から、４次元ないしは５次元に移行していくといわれています。具体的には、時間と空間の観念に変化が起きてくるようです。ほかにも、変化は様々あるでしょう。

２０１２年に大きな変化が起こるという説もありますが、変化はもっと緩やかに起こってくる、あるいは既に起こり始めているという説もあります。個人的には後者を支持しますが、多くの情報があり、その中には問題の多い無責任な情報や、操作の意図が感じられるものもあります。また、そのどれを信じるかで、自分自身の未来が変わってくるという説もあります。

こんなときこそ、ぜひ冷静にそしてしっかり自分の感性で見極める力を持ちたいものです。死の恐怖に煽られ大騒ぎして誰かにすがったり、みながそうするから自分もという選択の仕方でなく、心に正直に行動できる智慧と勇気を身に付けられたらいいですね。

それには、死後世界の探索は有効なひとつの近道になります。

まず、死に対する思いや捉え方が変わってきます。死後の世界にいつも触れていれば、肉体から離れそこへ行くことは恐いことではなくなります。これは、本当に大きな心の変化です。ほとんどの負の感情は死の恐怖から来ていると言ってもよいくらいだと思うのです。そこから解放された人は、そのぶん強く優しくなれます。それは、愛に近づくことができるからでしょう。

「愛と恐れは共存できない」と、ブルースも教えています。さらに、「エネルギー的には、愛も恐れも同種の波動で、そのベクトルの向きが反対に向いているだけ。だから、同時にひとつのところに存在することができない」と、私のガイドが説明してくれました。そして、愛に近づくことが意識の進化に繋がっていくのだとも。

恐怖心から遠ざかると、びっくりするくらい穏やかな気持ちで日々を過ごすことができるようになります。そうして初めて、人のことも大切に想える余裕ができるのです。いかに今まで自分が、恐怖から逃れるためにエネルギーを使ってきたのかわかるでしょう。もしも精一杯やってだめでも、最悪、死後世界に帰るだけだと思えれば、どんなに気持ちが軽くなることか。

また逆に、「死んでも終わりではない」ということがわかれば、自殺者も減るのではないでしょうか。同様に、死ねばご破算と思えるからできる悪しき行為も減るはずです。もし死後世界の探索により、それらを実際に知る機会を得ることができれば、意識の変化に大きく役立つことでしょう。

そして、今苦しみを抱えている人にこそ、その死後世界の体験を通じて、苦しみから抜け出す方法を見つけてほしいと心から願います。

さらに、死後世界へ旅立つ人を見送る際の心持ちが全く違うでしょう。どこへ行くかもわかり、まして死後もコンタクトを取る技術があるとしたら、大切な人を失う不安や悲しみはどんなに減ることでしょう。それは、旅立つ者にとっても好ましいことです。後ろ髪を引かれたら、行きたくても行けなくなってしまいますから。

それら「死」というものにまつわる悲しみや痛みがなくなれば、この世の負のエネルギーは、ぐんと減るのではないかと思います。

これからは、意識の時代ともいわれています。あなたが想うイマジネーションが現実を創っていくというのです。もしそれが本当なら、いつも楽しいこと、嬉しいこと、幸せなことを考えていたいものです。

あなたは、日々どんなことを想っていますか？

まさか、不平不満、人の悪口、社会の悪口、自分の不運、将来への不安、過去の出来事への後悔……、そんな思考で頭をいっぱいにしていませんよね。もし、それらが明日のあなたの現実を創るとしたら、大変です。

こんな時代だからこそ、嘆き多い人生を選ぶのか、喜びに満ちた人生を選ぶのか、人任せでなく、あなた自身で決めてほしいと思うのです。そしてそれが、自分の意識を変えるだけで実現することを、ぜひ実際に試してもらいたいと願います。

未来を心配するより、過去を悔やむより、自分を大切にし、いつもポジティブに思考するよう努力してください。

きっと、毎日幸せを感じていられます。

死後世界の探索は、ほかにもたくさんのことを教えてくれます。たくさんの変化をもたらしてくれます。そこには、今、あなたに必要なことが待っています。

第2章

人生の岐路と気まぐれの誓い

人には、何回か人生の岐路と思える時期があります。

大切な人との出会い、就職、結婚、引越し、そして、いくつかの別れ……。

そのどれもが、嬉しい出来事も辛い出来事も、今の自分がここにあるために必要な経験だったのだろうと思います。

私にもいくつかの転機があり、そこに見えないサポートがあったことを、今ははっきりと確信しています。たとえば、田舎に戻った私をもう一度東京へ呼び戻すために、90%決まった仕事が急な事情でキャンセルになったり、必要な出会いへ導くために電車が遅れて間に合わせてくれたり。

きっとみなさんにも、そんな不思議な偶然があると思います。人はそれらを偶然といって片付けてしまいますが、本当にそうだったのでしょうか？　スピリチュアルな格言に、「偶然こそ、必然」という言葉があります。それが本当なのか、ぜひみなさん自身で確かめてみてください。

混沌の中の声

離婚や別れを決断するのは、とてもきついことです。ことに周りの人を巻き込んでしまうような状況では、自分さえ我慢すればこのままどうにか続けていけると、そう思ってぎりぎりまでかんばってしまうものです。誰が悪いということでなく、自分のキャパシティを考えればとっくに限界に来ているはずなのに……。そんなふうに私も決断ができずに、一日一日をどうにかやり過ごすようにクリアしていました。

しかし、いくら先送りにしても岐路は避けることはできず、それを自分で決断し実行して行かなければなりません。でもその時は、それが岐路の始まりだとはなかなか気づけないものです。

そんなふうに、夫の実家から出て来ました。16年間も暮らしましたから、いろいろあっても情も湧き、本当にどうにかできるものならと悩み続けました。気が変になりそうになるくらい考えて考えて、それでも良策は思いつくことができません。

そんな混沌とした思いに潰されそうになったとき、どこからともなく、

「あなたはもう、充分やりました。そこから離れなさい」という不思議な声が入ってきました。

「とうとう、頭がおかしくなったのかな？　でもまだ、そこまで行っていないはずだけど……」そんなことを考えていると、

「もうそこから離れていいのですよ。もうがんばらなくていいから」と、優しい声がまた聞こえてきます。何か温かいものが込み上げ、涙が溢れました。誰だかわからない。でも、確実に私を心から大切に想ってくれていることだけは伝わってきました。

「私はひとりではない」

初めて感じた感覚でした。これまで誰といても消すことのできなかった孤独感が、初めて消えた瞬間です。

そして今思えば、それは間違いなくガイドの声で、あまりに躊躇して決断できずにいる私に堪《たま》りかねてつい口を出した、そんな感じだったようです。

確かに私の過ごした16年間は、とてもパーフェクトなできとはいえませんでした。未熟さゆえの対応が多く、共に過ごす者も、我慢の端に漏れる怒りに触れることもしばしばあったでしょう。自分を偽って生きることに疲れ、結果、そこに幸せな関係は築けませんでした。自分が我慢さえすれば、周りは幸せでいられるなどということはないのです。痛みの波動は形を変えても必ず周りに伝わります。

今はそれがはっきりわかります。今もその頃を思うと、もう少し成長して心に余裕を持てていたなら、もっと違った対応ができ、もう少し良い関係を築けたのではないかと。だから、私と関わった方たちには本当に申し訳なく思っています。

そしてそれも、それぞれがお互いに何かを学ぶために巧妙に仕組まれた試練だったのかもしれません。そう思うと、あれやこれも不思議に意味のある出来事に思えてきます。随分経ってから、その意味がわかることもあります。実はすべて無駄なことはなく、また実は被害者もいないのかもしれません。

その不思議な声に勇気をもらい、私は誰に何といわれようと、「自分が幸せになる道」を進む決意をしました。こんなに我慢してがんばっても、誰も幸せにすることができないなら、まず自分が幸せだといえるようになることが大切ではないかと気づいたのです。

その決意は、間違っていなかったと確信しています。私はとても幸せですし、だからこそ今こうして、幸せに近づく方法を伝授することができるのですから。

消えることのない幸せ、そして思わず口にした誓いの言葉

夫の実家は早々に出ることになりました。夫に反対されたら離婚も覚悟していましたが、そうはならずに家族4人で家を出ることになりました。大急ぎの引っ越しを終え、取りあえず落ち着いたマンションの一室で、ふとひとりで、ぼーっとしていました。何ともいえない安らぎが心に広がっていきます。

「なんだろう? この感覚は?」

そう確かに、誰にも脅かされないひとりの空間を得た安堵感はありました。離れて

みて初めて、いつもどんなに気を遣っていたかを知ることができましたから。慣れてしまえば、どんなこともふつうに思えてしまうものです。

でもそれだけでない何かがあるのです。それはどんどん私の中に広がって、心と身体に染み込んでいくようでした。

その頃には、坂本氏の『死後体験』シリーズの３冊目まで読み終え、私の中にしっかりと死後の世界は存在していました。

人も動物も植物も鉱物さえも死後の世界では、すべてが繋がっていて、私という存在はその一部分であること。

死後の世界は、現世より遙かに大きく、地球そして宇宙へと繋がり、その一番先には「大いなる存在」があり、時に人はそれを「神」と呼ぶこと。

そこは「純粋な無条件の愛」で満たされており、気づかずともすべての人が心の奥底にその想いを秘めていること。

私たちは「大いなる存在」へ戻りたくて、「純粋な無条件の愛」を学ぶために、この３次元の世界へと生まれ落ちてきたこと。

そして、誰にでもいつも支えてくれるガイドという存在がいて、決してひとりではないこと。

それらが心の中で繋がり、目に留まるすべてのものが愛おしく思え、ありとあらゆるものに感謝の気持ちが湧いてきたのです。

ふっと思いました。

「これがほんとうの幸せ。この幸せは、思い出すだけでいつもそこにある、消えることのない幸せなんだ！」と。

そして、あまりの至福感に、もういつ死んでもかまわないという気持ちにさえなりました。ここに、この気持ちに辿り着けただけで、充分に素晴らしい人生だったといえる。そして、私がこの世から消えても、みなそれなりに生きていけるだろうと、そんなことも思ったのです。涙が溢れ、生きている喜びをしっかりと噛みしめました。

そして気がつくと、

「本当に今までありがとうございます。こんな幸せを味わわせていただき、心から感謝します。これからの私の人生は、お任せします。私にできることであれば、何でもします。どうぞ、みなさんのお役に立てるよう、私の身体、私のこれからの人生をお使いください」

誰ともなしに見えない存在に向かって、思わず誓っていました。

何かが起こり始めている

でも実は、この誓いの言葉が実際に意味を持つとは、その時は思っていませんでした。それによって向こうの世界が動くとも信じてはいませんでした。しかし、既にこの頃から徐々に不思議なことが起こり始めていました。

たとえば、夫の実家を出るきっかけになった今住んでいる家を購入する時も、不思議なことがたくさんありました。まず家を見に行った時、２階のベランダから見る風景に見覚えがありました。でももちろん、そこに来たのは初めてです。

しばらく記憶の糸をたぐっていると、あっと思い出しました。夢で見たのです。夢なので、子どもと一緒に隣のマンションの屋上にポーンとジャンプして移ったりしていましたが。ぼんやりと、この家に住むことになるのかなと感じました。

でも、その素晴らしい家はとても私たち夫婦に手の届く金額ではありません。ダメもとで不動産屋にお願いし、この金額なら出せるというぎりぎりの金額を提示してみました。すると、この方ならと、なんとＯＫが出てしまったのです。いくらしばらく買い手が付かず空いていたからといっても、破格です。

　さっそくローンを組むために銀行に当たってみました。たまたま私が見た新聞の折り込みチラシに、非常に格安な金利のローンを見つけました。取引していた銀行の支店があったのでそこに話をしたところ、私の分のローン金額が多すぎるから、その分を少し頭金として用意できないかと言われました。少しといわれても高い買い物ですから、決して小額ではありません。

　どうしたものかと思案しているとき、私の父から電話がかかってきました。何か怒っています。事情を聞くと、父と母の名義で預けている証券会社が気に入らないから、すぐに解約して別の銀行に預けてほしいというのです。その頃は、年老いた父母の代わりに面倒な手続きは私が行なっていました。さらにその二人分の合計額が、銀行のいう額とぴったり一致しているではありませんか！　これは、もうお願いするしかないと確信し、事情を話し生前贈与で資金を調達してもらいました。

　こんなふうにして購入した家に住む前、私はあるビジョンを見ました。それは、広いリビングに人を集め何かしゃべっている私の姿です。ああ、あの家で何か幸せや死後世界のことについてレクチャーするようになるのかな？　そんなことを思い、さらにそれが現実になるような、確信にも近い感覚がありました。

そして、今まさに私はこの家のリビングを使ってワークショップを開いています。ブルース・モーエンの「死後探索」を教えることになろうとは思いもしませんでしたが、私があのとき見たビジョンはまさしく今の私の姿です。

このような不思議体験は、今はもう日常茶飯事といっても差し支えないほど頻繁に起こっていて、それがふつうと思えるほどです。それは、意識の世界とこの現実世界の両方に自分が属しているという実感を持てるようになったからだろうと思っています。それを可能にしてくれたのは、紛れもなくブルースの教える「死後探索」ワークと「リトリーバル」です。そして、それらをセッティングしてくれた見えない存在たちのお陰です。

みなさんも、実は私と同じような不思議な体験をしているのに、それを偶然と片付けていませんか？

「偶然こそ必然」という言葉を思い出してください。それらは、あなたを応援してくれている死後世界の存在たちの計らいかもしれません。彼らとコミュニケーションを取る術を身に付ければ、偶然などないことがあなたにも理解していただけると思います。

あの日私が誓ったあの言葉は、今もしっかり功を奏しています。

私の未来は彼らの元に預け、彼らの書く脚本に沿ってしっかり演技することが自分の使命だと思っています。

時々アドリブも入れさせてもらえますが、まず自分に与えられた脚本を読み解き、周りに感動を与えられる演技ができるよう努力するのは案外楽しいことです。お互いに素晴らしい演技ができた時は、感動が増幅します。

難しそうな役が回ってきた時、これは自分にできるだろうかと思案すると、「あなたは、あのとき誓いましたよね。それなら私たちに任せておけば良いのです。今できることを進めなさい」と、声が聞こえてきます。

だから、人生を彼らに委ねてしまった私には、不安がありません。それは、とてつもなく幸せなことです。未来を思い悩むことがないのですから。ただひとつあるとすれば、自分はちゃんと脚本を理解できているかという心配でしょうか。それには、心を穏やかに保ち、細やかな感性を持つ必要があるでしょう。台本の行間を読み取れる役者と、せりふをただ棒読みする役者の違いのようなものです。

人生をそんなふうに捉えると、生きるのが楽しくなります。ひとつの舞台が終わると次の台本が手渡される。ショートな脚本も、ロングな脚本もあります。テレビドラマも映画も、時には舞台もあります。同時進行することもあるでしょう。

あなたは、今、どんな役を演じていますか？

ほんとうは、誓いなどなくても私の歩む道は変わらなかったのかもしれません。人生を委ねることによって、余計な力み、心配、不安などから解放されただけなのかもしれません。でもそうすることで失敗への不安はなくなり、今にしっかり心をおいて生きることができるようになりました。

あなたの舞台も、もうとっくに幕があいているのかもしれません。あるいは、次の台本が出来上がったところかもしれませんね。

第3章
知覚の扉が開く瞬間

　非物質な世界、死後の世界を体験するためには、肉体で感じるのとは少し異なる感覚が必要です。視覚・聴覚・嗅覚・味覚・触覚、それぞれが肉体を通じて得られる感覚とは違いがあります。

　なかなか知覚が開かないひとつの原因として、現世と同じような五感を求めてしまうことがあります。ブルースもそんなひとりで、しっかり見えない映像は真実から遠いという思い込みがあり、ぼんやりとしか見えない自分の映像を信頼することができなかったと言います。私もブルースからその話を聞いていなければ、同じ罠にはまっていたかもしれません。私の映像もぼんやり見える白黒テレビくらいで、ここは何色と想うと、少し色を感じる程度です。それでも「解る」のです。
同じように聴覚も、耳で聞くのとは違いがあります。私の場合、聞こえるというよ
り、頭の中に言葉が入って来るというほうが近い場合が多いです。それでも、男性的
な声か女性的な声か、またそのトーンや響きがわかります。あるいは、言葉がただ浮
かぶという入り方の時もあります。

いずれにせよ、何らかの情報を受け取っていることに変わりはなく、こうでなけれ
ばダメという概念をできるだけ持たないほうが捉えやすいことは確かです。
そしてさらに、第六感とも言われる「勘」の感覚は大きな割合を占めてきます。ピ
ンと来るときそれは、重要な情報が入って来た印です。現代人は、左脳優勢に生きて
いるので、この感覚が非常に弱くなっているようです。ぜひ、いろいろな感覚がある
ことを認め、再確認してほしいものです。
それらのことが「死後世界への知覚を開くこと」に、大きな役割を果たしてくれる
でしょう。ブルースのワークショップでそれらの説明を聞くことができたことは、私
の知覚を開く大きな鍵になりました。

ブルース・モーエンのワークショップに参加

とにかくはっきりした体験を得たいと強く思い、アメリカのモンロー研究所まで行こうかどうしようか思いあぐねていました。今は、坂本氏の活躍で日本でもモンロー研究所の公式プログラムが開催されるようになりましたが、当時はまだ、坂本氏の引率による米国・モンロー研究所でのプログラムのみでした。英語の苦手な私のような者が、現地で公式プログラムを受けられるのはかなり魅力的ではありますが、いざアメリカへ行くとなると一週間以上も家を空けなければならず、家族への負担を考えるとなかなか思い切ることができずにいました。

そんな時、ウェブサイトでブルースの2回目のワークショップがあることを知りました。それもちょうど夏休みで、家から通うことができます。ベーシックとアドバンスという2つのコースがあり、合計10日間かかりますが、ちょうどスケジュールも空いていました。これは、「まずはこっちに参加してみろ」ということかなと思い、モンロー研究所への旅は諦め、ブルースのワークショップに申し込むことにしました。

そして、忘れもしない２００７年8月、ついにブルース・モーエンの「死後探索」ワークショップの日がやって来ました。その前日、顔合わせの夕食会があり、私も参加してみました。その時は、奥様のファロンとご一緒で、とても仲の良さそうで、かつアットホームな雰囲気のおふたりに親しみを覚えました。英語が話せなかったことがとても残念でした。

通訳つきのワークショップは初めての経験でしたが、ブルースが話す時間を利用して、しっかりノートを取ることができました。講義の部分もかなり長いので、ノートを取っていなければ、きっと後で何が何やらわからなくなっていたことと思います。10日間でほぼ一冊のノートを書き終えました。ルーズリーフを使っていたので、書き足しながらそのノートを今も大切に使っています。私の宝物です。

ワークショップは、自己紹介から始まりました。その時は50名近い参加者があり、それだけでも時間がかかります。ワークショップは、講義、エクササイズ、エクササイズのシェアリング（探索したことの発表）という順で行なわれます。休憩も時々入り、主催者が用意してくれたお菓子や飲み物がたくさんあり、参加者の気持ちもほぐれ、交流も深まります。これも、ブルース流ワークショップの特徴でしょう。

最初の2日間は「準備プロセス」と呼ばれるエネルギーワークなどを、エクササイズを交えながら段階的に学んでいきます。これについては、『ブルース・モーエン死後探索マニュアル』（ハート出版）に詳しく載っていますのでぜひご覧ください。

また、この「準備プロセス」は本当に素晴らしいもので、私はこれに惚れ込んでいます。たくさんの効果があることに気づいてしまったのです！　それについては、後ほど、じっくり触れたいと思います。

「百聞は一見に如かず」どころではない

そして、3日目から本格的な「死後探索」に突入することになります。

今まで、死後世界があることを疑っていなかった私ですが、それでもやはり体験から学ぶことがどれほど多いかは、語り尽くせないほどです。体験があったからこそ今の自分があるといっても過言ではありません。もちろん本などで知識を集めることも大切です。手っ取り早いので、私のような本好きには有効な方法ではありますが、やはりそれだけでは理解度がまったく違います。

ブルースはいつも参加者から、「何々はどうなのでしょうか？」という質問を受けると、

「ぜひ、あなたが実際にそれを確かめてみてください」とコメントします。

自分で体験し、探索し、そこから学んでいくことを基本にしているのです。きっとブルースは、ブルースなりの答えを持っているはずです。でも「これはこうだ」と教えてしまい、さらにそれを聞いた人が「そうなんだ」と納得してしまえば、その話はそれで終わってしまいます。

でも、ひとつの疑問から、それを解き明かすために実際に自分で探索すれば、答えを得る以上のたくさんのことを学べると、ブルースは自分自身の体験から熟知しているのです。

そして、答えがひとつとは限りません。また、ほかの発見があったり、次の疑問が湧いてくるかもしれません。それが、私たちに与えられた「好奇心」という探査機の持つ意味なのかもしれません。そんなことが、『死後探索１　未知への旅立ち』に書かれています。興味があったらぜひお読みください。

ですから、私たちトレーナーも答えを教えるのではなく、体験の方法をお教えすることで、みなさんが自分自身の体験を通じて何かを学べるように導いていきます。そんな対応に「何で教えてくれないの？　意地悪ね」と感じる人もいるかもしれませんが、ちゃんと理由があったのです。

これは、子育てにも言えることかもしれません。私もふたりの娘を育てながら、つい手っ取り早く答えを教えてしまいがちですが、それは好奇心の旅に繋がる大切な体験を妨害していたかもしれないと、この頃反省しています。

そう思うと、死後世界のあれこれを知る前と今では、子育ての仕方が大きく変わりました。子どもの何かをしたい気持ちをできるだけ尊重し、うまく行かないかなと思うことも、やってみなければわからないと捉えられるようになりました。これも、死後探索から教えてもらったあれやこれがあったればこそでしょう。そんなふうに寛容な親でいることで、子どもの体験から新たに教えられることも多いのです。でもそれは、今までやり過ごしてしまっていたことに、気づけるようになっただけなのかもしれませんね。

衝撃のファースト・リトリーバル【エクササイズ体験談】

ブルースのワークショップでは、驚くことに「準備プロセス」のあとの一回目の本格的体験が、いきなり「リトリーバル」なのです。坂本さんの本やヘミシンクのＣＤなどで「リトリーバル」については知っていましたし、そこまで辿り着くのは大変なことだと認識していました。そんな思いを抱きつつ、どきどきしながら私のファースト・リトリーバルは始まりました。

（注）――エクササイズは、リラックスできる体勢で椅子に座り、目を瞑って行ないます。途中で、メモを取るために目を開けてノートに書き込んだりすることもあります。ブルースと通訳の誘導ナレーションが入り、それに沿って進めて行きます。

準備プロセスでは、エネルギーを収集し身体を包み込むように層を作り、さらに、愛を感じその感覚を膨らませていきます。また、アファメーション（宣言）する際にも、ちょっとしたイメージテクニックを使います。それらは、ブルースの『死後探索マニュアル』に詳しく解説されていますので、どうぞそちらをご参照ください。

また文中の「ヘルパー」とは、私たちの探索をサポートしてくれる死後世界の存在たちを総称して呼んでいます。

＊

目を瞑ると、緊張しているのがはっきりわかる。手に汗をかいている。なんたってリトリーバルだ。何も体験できなかったらどうしようと不安が心をよぎる。でも、ここまでは結構順調に進んで来たのだから、だいじょうぶと自分に言い聞かせる。

準備プロセスを終えるうちに少し落ち着きを取り戻す。愛の感覚は、気持ちがいい。きのうと同じ、紫の光が見える。アファメーションを終え、ヘルパーを呼ぶ。自分の周りに気配を感じる。最初は数人いるように思うが、次第に数人に囲まれているのではなく、前からハグされていることがわかる。身体がふんわり包み込まれているような感覚がある。なんだかとても落ち着く。

ヘルパーがどんな人か感じてみる。私の想像力をフル活動させる。男性。30～40代くらいに見える。白い生成《きな》りの生地でできた、上からつながってバサッとした服。素足に皮のサンダルを履いているようだ。しかし、顔は見えない。

映像は、映りの悪い白黒テレビ程度で、ところどころぼやけている。ブルースが自分はほとんど見えないのだと言っていたが、こんな感じだろうか？　それでも、あんなにたくさんの体験記を書けるのだから、私もきっとだいじょうぶ、体験できると自分に言い聞かせる。少し不安な気持ちになりかける。

すると今度は、ガイドが後ろに回り、後ろからハグしてくれる。とても優しい感触がする。後ろから支えてくれているように感じる。

ここで、リトリーバルを必要としている人のところへ移動するよう誘導ナレーションが入る。移動する感覚がある。少し、身体が浮くような感じだ。

しばらくして、着いたところは田舎の村。草花が咲き、のどかで美しい。見渡すと、空に白い雲が浮かんでいるのが見える。

リトリーバルの対象者の印象を集めるよう誘導が入る。若い女の子がいる。まだ10代くらい、17〜18歳くらいだろうか。三つ編みにしたお下げ髪。ここで、自分が小学校高学年の頃に同じ髪型をしていたのを思い出す。何か関係あるのか気になる。

さらに観察すると、カラフルなターバン風のバンドのようなものを頭に巻いている。洋服もカラフルな色使いの民族衣装風。長めの上着に、下は膨らみのあるパンツをはいている。靴は、縄を編んだ感じのもの。

　ここで、中国の少数民族の住む辺りではないかと思う。

　彼女と彼女のいる場所を観察する。粗末な感じの小屋の前で、彼女は黙々と木の実の皮を剥いている。その小屋が、彼女の家のようだ。オレンジっぽい布の上に座って作業している。木をくり抜いて作った器に、剥いた木の実を入れている。

　少し離れたところに茶色の馬が一頭見える。貧困なわけではなく、かなり古い時代のようだ。長い長い時間、彼女はずっとそこでそうしているように感じる。そのせいか、彼女は幽霊のように影が薄い感じがする。

　誘導に従い、彼女に声を掛けその場面に私も入っていくつもりになる。

「こんにちは。何をしているの？」と聞いてみる。

「彼を待っている……」顔をあげた彼女を見て、一気に何かが私の感情の中になだれ込んでくる。深い悲しみ、一途な想い……、こんなに若くして何が……、彼女の顔は無表情なのに、もう流す涙も枯れるほどの悲しみの果てにここにこうしているのが、伝わってくる。

　気がつくと、私は涙でいっぱいになっていた。私の中に彼女がいるようだった。直感的に、彼女は自分の過去世だと強く思う。ハンカチで涙と鼻水を拭いながら、懸命に意識を集中する。私だけでなくほかにも鼻をすする音が聞こえてくる。

彼は修行に行った。彼女の視線の先に桂林の山並みによく似た風景が見える。彼は、あの向こうへ旅立ったのだろうか？　ずっと長いあいだ、あの山並みを見つめながら、ここにいた彼女を感じる。

私は、以前から桂林の水墨画のような山並みの風景に特別な郷愁を覚えていた。いつか行ってみたいと、そうしたら何か思い出すかもしれないと考えていた。これは本当だろうか？　私が記憶の断片を結び付けて、創っているのかもしれない。

しかし、それにしてもこの胸に込み上げる感情は、とても想像で浸れる程度ではない。私と彼女がひとつになっている気がする。以前経験したことのある過去の思いとして、彼女の気持ちを感じてしまう。いろいろな想いが駆け巡る。

深呼吸をして気を取り直し、ワークに戻る。彼女が、手首のミサンガのような綺麗な彩りの飾りを見せる。彼とお揃いで作ったのだという。大切そうにそっと触る。

これは、いつ頃の時代か聞いてみる。５００年代というイメージが浮かぶ。

さらに、彼女はどんなふうに死んだのかを聞く。悲しみのあまり、食欲もなくなり身体を壊し、病死したと再現映像を交えて解説してくれる。

リトリーバルのため、ヘルパーを紹介するよう誘導が入る。ヘルパーの力を借りながら、一緒にここを離れて家族の元に帰るよう説得する。彼女に、必ず彼に会いあなたの想いを伝えるからと約束し、ヘルパーのリードで移動する。

フォーカス27風の場所に着く。先ほどの場面よりずっと明るい場所。父母を含め数人の姿が出迎えている。抱き合い懐かしがる姿が見える。この後どこへ行くのか聞くと、誰からともなく、「心の癒しセンター」に行くのだと教えてもらう。

この後、そこを離れるヘルパーにインタビューするチャンスがある。彼女の名前を聞いてみる。マーヤかマーサ、はっきりわからない。彼女は誰なのかと聞く。

「わかっているだろう」と答えが返ってくる。さらに彼は、今どこにいるのかと聞く。さっきの出迎えのシーンのところには、彼の姿はなかったようだった。しかし、それには答えてくれない。自分で探せということか……、これから、出会えるということか……。

もう体験が完了したと感じたら、ヘルパーに感謝の意を表し、終了してよいと誘導が入り、とにかく涙と鼻水であまりにぐちゃぐちゃなので、これくらいで終わりにする。

目を開け、忘れないうちに急いでメモを取ることにする。

＊

メモを取ろうと思いつつ、しばらくは放心状態でした。あまりの衝撃的なファースト・リトリーバルに、それを自分の中に処理する時間が必要でした。

エクササイズが終わると、あの悲しく締めつけられるような感情は治まっていました。少し不思議な気がしましたが、体験から来る痛みや感情の高まりは、体験の終了後すっと消えるか、少しすれば治まるものだと、その後のシェアリングの際、解説がありました。

さらに、体験中に感情を強く感じて対処に困ったら、ドアや窓があいだにあるように想定し、そのシーンから自分をはずして行なうほうが有効な場合もあるという説明もありました。

その時の私の席はブルースのすぐ目の前で、感情が入り過ぎ困っていたのがわかったのでしょう。時々目を開け、「どうしたらいいの?」という視線を送っていたかもしれません。でもエクササイズ中で、ブルースもどうにもできなかったのでしょう。

それに、私にとってはこれも必要な体験だったようにも思います。でも、その後のワークショップでは、エクササイズの前に感情が入り過ぎる場合の対処法を説明するようになりましたが……。

　また、こんなふうに誰もがファースト・リトリーバルでしっかりした体験ができるとは限りません。でもいずれにしても、死後探索ワークはスポーツ同様、練習すれば誰でもある程度の成果は挙げられます。ただコツのようなものもあり、すぐに上達する人となかなかうまくいかない人とがどうしても出てきます。また、いろいろな理由から自身でブロックをかけてしまっている場合もあります。

　そしてもうひとつ、ここでみなさんにお伝えしておきたいことは、実は私はこの体験中、映像的にはぼんやりしか見えていなかったということです。服はどんなだろうと思うと、そこだけ少し色が着いて見えますが、ふつうは映りの悪い白黒テレビ程度です。それでも、これだけの情報を受け取ることができます。

　それは、クリアに見えることと情報の質は無関係だとブルースに教えてもらっていたからです。ブルースも、あんなに何冊も本を書いていながら、実はぼんやりとしか見えないことが多いそうです。そして、クリアな映像が質の高い情報だと思っていたため、なかなか知覚が開かなかったそうです。

「僕の失敗をみなさんは繰り返さないように」と、いつも言ってくれます。

千五百年の恋

余談ではありますが、この過去世には、後日談があります。

その後も何度か過去世を探索し、ふたりの出会いから別れまでのストーリーを知ることができました。そして、そこでのふたりの交差する想いが、私が10代に経験した大失恋とリンクすることに気づいたのです。当時高校生だった私は、彼女のように身体を壊して死にはしませんでしたが、半年のあいだ泣き暮らしていました。年齢的にも、過去世で会った彼女とちょうど符合します。

そして何十年も経っているのに、その時の感情がきのうのことのようにはっきり想い出せることを、ずっと不思議に思っていました。そこには、もう会うこともないその人を変わらず大切に思う気持ちがありました。さらに、こんなに辛い恋をする意味がどこにあるのかと運命を恨みたい気持ちでした。

「いつか、この失恋の意味を理解したい」そう思いながら過ごしてきた何十年かが、ここでしっかり繋がりを持ったのです。

彼女は、死んでからも千五百年あまりのあいだ、ずっと彼を想い待ち続けていました。そして、それは私の過去でもあるのだと、今は実感しています。私の中に彼女がいるのを感じています。これが、過去世を取り戻すということなのかもしれません。今は、私の大失恋の意味もわかっていますし、過去世の彼にも会うことができました。この物語は、新たな展開を含め、百年先の未来へと続いていきます。

このファースト・リトリーバルから始まった私の死後世界への旅は、そんなふうに、人生には決して無駄はないのだと思い知るきっかけになり、私にとっては本当に貴重な体験でした。

それらをセッティングしてくれたガイドたちに心から感謝します。

みなさんも、死後世界の探索活動によって、人生の体験が繋がりを持って明らかになるかもしれません。それは、大きな感動です。私のところの参加者にも、「わかったんです！」と、興奮気味に話される方がいます。そんなとき、私もともに幸せを感じさせてもらっています。

第4章
ハイアーセルフガイドとの出会い

この体験で、「ヘルパー」としてサポートしてくれた存在は、実は私自身の「ハイアーセルフガイド」だったと、後半のエクササイズで気がつくことになります。

ハイアーセルフガイドと私が呼ぶのは、自分の人生の全般にわたり、主になって守護してくれている存在です。俗に言う「守護霊」です。このほとんどが、ハイアーセルフという自分の故郷である高次の自分から来ている場合が多いのです。

それと区別するように「補助霊」と呼ぶ存在がおり、その中には生前縁のあった、自分を心配してくれる存在、たとえば祖父母のほか、専門的なサポートをしてくれるスペシャリスト的存在、また、自然霊など人間とは別の存在などを総称しています。

これはあくまで私の分け方で、別の分類をする方ももちろんいます。

それぞれに役割があり、このハイアーセルフガイドは、一番自分に近い存在だと思います。それゆえ、このハイアーセルフガイドとコンタクトが取れるようになることは、非常に大きな成長に繋がると、私は実感しています。

私はこのワークショップをきっかけに、ハイアーセルフガイドとの交流が始まり、非常に多くのことを教えてもらっています。そして、彼らが今までずっと私を支えてきてくれた存在なのだと知った時は、喜びと感謝の気持ちで胸がいっぱいになりました。

光の存在〜握手できない？【エクササイズ体験談】

ワークショップのエクササイズでは､常に「ヘルパー」とよばれる死後世界のサポート役の力を借りながら進めていきます。それも重要な特徴のひとつです。

「ヘルパー」はエクササイズの内容に合わせて、その都度、別の存在が現れることも多いのですが、何回かエクササイズを続けるうちに、特に後半の「自己探索・セルフヒーリングコース」に入ってからは、同じ波長を感じるヘルパーが来てくれるようになりました。

　穏やかで優しいその存在から、私のことを大切に思う気持ちが伝わって来ます。そして、不安な気持ちを抱くと、優しく包み込むようにハグしてくれました。まず感じるのは光としての姿ですが、初心者の私は、光では話し難いという感覚があり、無理やりそれっぽい姿を想定し行なっていました。

　イメージとして出てくることが多いのは、仙人風の白く長い髭のおじいさんです。でもたまには若くて金髪のハンサムもいいなぁと思い、がんばってイメージしてみました。すると途中で誘導に従ってヘルパーを呼ぶと、なんとまた光に戻っているではありませんか！　若い金髪ハンサムは、どうもお気に召さなかったようです。ちょっとがっかりしながらも、ワークの最後、別れ際にハグしてほしいとお願いすると、

「甘えん坊だね」と言われてしまいました。

　それを気にした私は、次のエクササイズではハグしてほしいとは言えずに、握手してくださいとお願いしました。すると、

「握手はできない」と言うのです。がっかりしながらも、

「どうしてですか?」と聞くと、

「手がないから……」とのお答え。手がなくても、握手のつもりで良いのにと思いつつ、変に生真面目なヘルパーにとても親近感を覚えました。

この存在が、自分のハイアーセルフガイドであることを、アドバンスコースの「ハイアーセルフ訪問」のエクササイズで確かめることができたのでした。

誰よりも自分を知る存在

それ以来ずっと、そのハイアーセルフガイドは、私の一番身近な存在です。生まれる前からの自分を知っている、私にとっては頼りになる存在です。今も、白っぽい光の姿でいるようです。

ある時、もしかしたらこのガイドは融合体かもしれないと思ったことがあります。そう思って気を付けていると、私に語りかけてくれる言葉に、女性言葉と男性言葉が

あることに気づきました。そして、あっと思ったのです。彼らはツインソウルの融合した意識体ではないかと。

ツインソウルとは、ひとつの魂意識がふたつに分かれて、男女を入れ替えながら何度もそれぞれの人生を学びながら生き、最後にまたひとつの意識体に戻るのだといわれています。すべての魂がツインソウルを持っているのかはわかりませんが、ロマンチックな響きもあり、自分のツインソウルを探すのが流行ったこともあったと聞いています。ツインソウルが出会い、お互いにそれを認識できたとき、輪廻の旅は最後を迎え、魂意識は融合し、彼らの死後はひとつの意識体に戻るそうです。彼らも、そんな魂なのかもしれないと、ふっと感じたのです。

一度だけ、ちらりと顔が見えたことがあります。光が回転し、ちょうど裏表の位置に男性と女性の顔がフォノグラムのように浮かんで見えたのです。でも、人として生きていた頃はあまりに昔で、その姿はもう忘れかけている。今は、光としているほうが自然なのだと教えてくれました。非物質体が見えるスピリチュアルカウンセラーに見てもらったら、彼には対になる二つの光が寄り添うように私の周りに浮いているのが見えたそうです。

そんなふうに死後世界は、見る者によって違う捉え方ができます。現世でもたとえば、同じ絵を見て人それぞれ違う解釈をすることがありますが、実体のない死後世界ですから、その幅は格段に広がってしまいます。絵そのものが違って見えるということも有り得るのです。ですから、どう捉えても間違いも正解もないのです。また、彼らはそういう特質を使い、姿を変えて現れることもできるようです。

また、ひとりの人間に付くハイアーセルフガイドは一体とは限らず、ほとんどの場合、数体のガイドが付いています。ブルースの場合も、最初に認識できた「コーチ」と呼ぶ存在から、白熊、そしてモンロー氏など幾体かのガイドが本に登場します。彼らは、死後世界にあるブルースの創った「自分の特別な場所」に集まっています。

しかしその中には、ハイアーセルフガイドというよりは、補助的な役割のガイドも含まれるかもしれません。たとえば両親・祖父母など、亡くなったばかりの身近な存在は、補助的役割を担うために新たなガイドとして私たちの周りに付くことがあります。そういう意味では、モンロー氏は補助的存在でしょうが、ブルースのハイアーセルフの一員でもあるようです。

私にも、そのような補助的存在を含め、何体かのガイドたちがいることを確認しています。さらに私の創った特別な場所（アドバンスコースの中で創った非物質世界の自分の家、あるいは探索の拠点のような場所）には、私のガイドだけでなく家族のガイドたちもいつも集まっています。そこで、私には内緒でいろいろと作戦を練っているようです。また、彼らによって自分の創った特別な場所が、勝手に変わっているという話はよく聞きます。彼らにとっても、愛着ある大切な場所なのかもしれませんね。

そして、彼らはどうも私の未来も知っているようです。心配事を相談すると、「そんなことを心配しているの！」と、あきれた波長を送ってきます。そんなとき言葉にはならないニュアンスとして、

「数年後の姿を見れば、それがどんなに杞憂《きゆう》だったのか理解できるのにね」という思いが伝わってきたりします。またある時は、数日後の状況を綴るメッセージを送ってきたこともありました。本当にその意味不明のメッセージは、数日後に私の心に強く響いてきました。

また、彼らは私の過去世のすべても知っています。以前、映画「レッドクリフ」を観ていたら、胸が締めつけられるように苦しくなりました。心に痛みが広がりました。これは、私の過去世に似たような状況があったのだろうと思い、ガイドにその過去世

を見せてくれるよう頼んだのですが、「見ても辛くなるだけです。その過去世でのことはもう決着が付いていますし、見ないほうがよいでしょう」と言われました。

見れば逆に余計な苦しみを背負うことになるのかもしれません。それに耐えられるだけの強さを今の私は持っていないと判断したのか、必要ないことで歩みを遅らせたくはないという配慮かはわかりませんが。

そんなふうに、彼らは私以上に「わたし」を知っています。頼れるアドバイザーであり、厳しい師でもあり、また共に歩む同志でもあります。彼らに対して、心を解放し一体になるイメージを抱くと、とても満たされた穏やかな気持ちになれます。それは、どこか母の胸に抱かれる赤子の心持ちに似ている気がします。きっと、そこには「無条件の愛」が満ちているのでしょう。

それらが本当なのか、またそれ以外の様々な情報を含め、あなただけの特別な存在たちについて、ぜひご自分で確認してほしいと思います。それは、あなたの新たな人生を開く鍵になるかもしれません。

いつもここにいて、話すことができる

ブルースのワークショップに参加してしばらくすると、自分のガイドとエクササイズ以外の時も、日常でコミュニケーションを取れるようになってきました。

そのことに気づいたのは、何気なく誰ともなしに投げかけた質問に、答えが返ってきた時でした。その答えは、質問のコメントが終わるか終わらないかの間髪を入れないタイミングで頭の中に入ってきました。

「もしや私が考えているのでは？」とも思い、

「今のは、ガイドさんですか？」と、再度質問を投げかけてみました。すると、

「そうだよ」と返事が返ってくるではありませんか！

それ以来、ガイド以外にも言葉や思考のやり取り、つまりテレパシーのようなもので非物質な存在たちと情報のやり取りができるようになりました。

日常の暮らしの中で彼らとコミュニケーションを取るには、微細なエネルギーの変化をキャッチする感覚が必要です。静かな湖面に落ちる一枚の木の葉が作る波紋の広

がりを心でキャッチできるくらい繊細な感覚です。それは、目に見えたり聞こえたりするわけではないので、ほとんどが自分の意識の中でのわずかな変化です。言葉にすれば「何か少し感じる」といった程度のものです。

私の感覚を言葉で説明すれば、まず、自分の意識の感覚を広げるようにイメージします。体の2～3メートル外側の空気まで意識のアンテナを伸ばすようにイメージする要領です。いつもそんな感覚の状態でいれば、彼らのメッセージを逃すことはないでしょうが、日常のあれこれに心をシフトしているときは、アンテナは収納され、五感を通じて入る情報のみをキャッチすることになります。でも、訓練で少しずつ、意識を広げた状態を長く保つことができるようになるだろうと思います。

そして、気づいたのです。実はずっと前から、私はそれらの存在たちとコミュニケーションしていたことに…。たとえば、私には肉眼ではその姿を捉えることができないので、自分のガイドの声は、自分の頭の中から聞こえるように感じます。ですから、それまでは自分の思考のひとつとして受け止めていました。また、そのほかの存在からのメッセージも、何かふっと頭に浮かんだアイデアや想いつきとして処理してきました。

たとえばあなたも、何気なく口にしたアドバイスが、自分で考えたにしてはいやに気が利いた言い回しで、その人の心に響いたなんて経験はありませんか？　実はその多くは、知らぬ間に彼らに言わされていたのです。

先日、友人と会って帰り際、「今日は夕食何にするの？」と聞かれ、変なことを唐突に聞く人だなぁと不思議に思いながらも、「まだ決まってない。これから考えるところ」と答え、駅の改札をすーっと通り抜けました。２～３歩歩いて「あっ！」と思いました。実は朝、今日のメニューを決めていて、食材をその駅前にあるスーパーで仕入れて帰ろうと思っていたのです。それなのに、話に花が咲きすっかり忘れていたのでした。ガイドがそのことを思い出させようと、きっとまず私に声をかけたものの、話に夢中で聞く耳を持たず、仕方なく友人にアプローチし、それを捉えた友人は急に今日の夕食のことが気になり、私に聞いたのでしょう。

そんなふうにガイドはいつも、私たちの傍にいていろいろサポートしてくれています。その時は、残念ながら私のあまりの鈍感さで、改札を通り過ぎてしまい空振りに終わりましたが、すぐに感謝の気持ちを伝えました。

そんな些細なフォローは結構あります。それは、私とガイドがギブアンドテイクの関係だからかもしれませんが、それらが分かるようになるとミスがぐっと減るかもしれませんね。

とはいえ、彼らは教えてはいけないことは決して教えてくれません。自分で気づいてこそ意味のあることや、自分で答えを見つける必要のあるときは、聞いても教えてくれません。

「そのうち分かるよ」「今は教えられない」などと、私のワークショップ参加者もよく言われています。ですから、安心して何でも聞いて大丈夫だと思います。

実は私も初めの頃、何でも聞くのは他力本願で何か嫌な気がして、ガイドに尋ねたことがあります。すると、

「あなたのように、違う方向へ突っ走る傾向のある人は聞いてくれたほうがありがたいです。そのほうが早く成長できるでしょう」と言われてしまいました。

確かに私の場合、以前何度か無理やり道を修正されたと思える経験がありましたから。でも人によっては、

「あなたは、私たちに頼り過ぎです。もう少し自分の力で考えて決めるようにしてください」と言われる人もいるかもしれませんね。そんな人それぞれの癖も、彼らはよ

く熟知しているのです。

今、私にとってガイドたちは、自分の一部になっています。「この考えは私？　それともガイド？」とわからなくなることがあります。そんな時、ガイドは言います。

「あなたはわたし、わたしはあなた。どちらでも同じこと」

私が大きくなったと感じる瞬間です。

メッセージをもらう

ブルースのワークショップに参加して2か月半ほど経ったある日、ひとりで家にいると、何やら文語調の言葉が頭の中に急に浮かんできました。何だろうと思いながら、メッセージのような言葉が次々浮かんできます。とても覚えきれないと、家事の手を休めノートに書き始めました。ワンフレーズ浮かぶと書き留め、書き留めるとまた次のフレーズが入ってきます。いったい誰？　と思いながら、とにかく書き留めました。

地の心に　触れし時
感謝の念　抱きし者は
必ずや　地の恵み　得られん

地の想い　すなわち
全てを育む　この惑星（ほし）に　通ず

人　忘れることなかれ
生かされし　己が身　育まれし　己が心
忘れざる者　理と利を　得たり

伴《とも》に学ばん　伴に進まん
人の心の温かさに　触れる時
我が心も　歓びに震える
人と伴に在りしこと　我　望まん

人の心に宿りし　負の想い消すは　愛のみ
愛　常に育みし者　魔　入りし隙なし

己が利のみ　求むる者
理　知らずして　利　叶わぬ

愛　無きように見えて
利　叶えし　利　続きし者
愛　心に抱きし者
理　求め　愛　育みし者
願い届かん

現世に生きし者たち
その真理知らずして　その真理信じぬ故
人創りし　愚かなる法に依りて

理求め　幸願うは　はなはだ浅はかなり

我　願う

人　地の心　想い

地と　伴に在らんとすること

この日は堰を切ったように、次々とメッセージが入ってきました。このメッセージを送ってきたのは、一昨日訪ねたある土地を守る精霊でした。その時、土地のことを知りたくて、土地の精霊にあいさつし、コンタクトを試みたのです。

この後、自分のガイドを中心に次々とメッセージが入ってくるようになりました。これらのメッセージを通じて、私は随分たくさんのことを教えてもらいました。

メッセージはブログ『スピリチュアル・ワールドからのメッセージ集』に掲載していますので、興味のある方はごらんくださいね。

さて、この本の著作に際して、何かメッセージがほしいとガイドにおねだりしてみました。そのメッセージは、巻末ページにあります。

コンタクトするために必要なこと？

私もそうですが、ガイドたちとしっかりコンタクトするための一番の早道はワークショップに参加することかもしれません。ワークショップに参加したことで、自分のハイアーセルフガイドをはっきり把握できた人はかなり多いのです。

確かに私もワークショップに参加する前から、その存在には何となく気づいていましたし、メッセージも受け取っていました。だからこそ、ひとりではないという確信とともに、心の中に幸せな場所を創ることができたのだと思います。

でも、おぼろげなその感覚と、今ガイドたちとの間にある確かな絆には、やはり大きな違いがあります。彼らは自分と同化した存在になりつつあり、私たちを見守ると同時に、私たちの想いも共有してくれていることを実感しています。哀しみも、怒りも、そして楽しみも、喜びも、共に味わっているのです。そこには「無条件の愛」ともいえる深い愛があります。それを知ることで、自分の中の何かが変わるのではないでしょうか。

そんなふうに抱くガイドたちへの感謝の想いは、必ず彼らに伝わり、それは何倍にもなって戻ってきます。その感謝の気持ちが欠けてしまうと、せっかくガイドたちとコミュニケーションが取れるようになっても、素晴らしい効果は半減してしまうかもしれません。

たとえば、「それは彼らの仕事なのだから、自分のために尽くすのは当然だ」などと思っている人のガイドさんからは、何ともいえない哀しみが伝わってきます。それでも彼らは、決して諦めることなく淡々と最善のアプローチをこなしていきます。

そんなガイドたちのお手伝いを何度かさせてもらいました。私が実際に苦言を呈すことで、その方の成長に繋がるならば、敢えて悪役もいいかなと思えるのです。

さて、では彼らは実際にはどんなふうにしてメッセージを私たちに伝えているのでしょうか。

○ふと見た本やテレビ番組の中に、何気ない友人との会話の中に問題を解決するキーワードやヒントを織り混ぜる。

○家族や親しい人の口を借りて、苦言を呈す。
○夢の中で、大切な場面を予習させる。
○フラッシュ映像などで、未来の映像を見せられる。

ガイドと話せるようになった今でも、彼らはこの手法をよく使います。このほうが伝達しやすい、あるいは効果的な内容であったり、または私の心が聞く態勢にない場合などにとても有効です。

このような形でのメッセージは、既にみなさんが日常の中でたくさん受け取っているはずです。ただそれに気づかない場合、「たまたま何々した」という解釈で済ませてしまいます。私に言わせれば、たまたまなんてないのです。そこにはほとんど彼らの関与がありますから。

それらのメッセージに気づいたときは、ガイドとのコミュニケーションを取るチャンスです。誰にともなく、質問をしてみてください。答えと思えるような考えや言葉が頭の中に入って来るかもしれません。それはきっと、ガイドたちです。そこでうまく話しかけることに成功すれば、コミュニケーションの道が開かれていくかもしれません。

同様に、まずこちらから発信することも大切です。ガイドは、はっきりとわかる形でのお節介はしません。ガイドが人生の主導権を握ってしまったら、その人は自分の人生を生きたことにはならず、意識の成長の妨げにもなってしまうからです。過保護な親と一緒ですね。何でもやってあげてしまっては、子どもの成長のためになりません。またそれは、大きな自分であるハイアーセルフの成長の妨げでもあります。形に現せる何かを成し遂げることより、自分で何かに気づくことのほうが重要だったりするのです。

ですから、彼らは答えを教えるのではなく、何らかの体験を通して私たちが答えに気づけるようセッティングします。初めは、気づいてほしいことと同じテーマの本やテレビ番組を見せるかもしれません。次は友人の口を借りて、ストレートに忠告してもらい、それでも意に介さない場合、最後はそのことに気づけるよう窮地に追い込むような体験に誘うかもしれません。ですから、平穏な人生や現世利益を得られる体験でなく、何かに気づけるよう敢えて試練といえる経験をセッティングすることもあります。そういう意味では失敗も敗北もなく、そこから何かを気づくことができれば、それは成功のもとに変身することになるでしょう。

そんなふうに、あの手この手を繰り返すガイドたちに会うことがあります。

「たいへんですね」と労《ねぎら》いの言葉をかけると、彼らは決まって言います。

「ちっともたいへんではありませんよ。これが私たちの役割ですし、あなたたちのためというより、自分のためにやっているのと同じことなのです。私たちにとってはあなたもわたしも同じような位置付けですから。あなたたちには分かりにくい感覚かもしれませんが……」

そこには「無条件の愛」があり、時に自分より自分を愛してくれていると感じることさえあります。加えて、それを楽しむ余裕を持っているガイドもおり、そんな存在に会うと敬意を払うとともに「あんなふうになりたいなぁ」と憧れてしまいます。

もうひとつ、彼らとコミュニケーションをうまく取るためのポイントがあります。

それは、リラックスすることです。リラックスして、穏やかなゆったりした気持ちでいるときに、彼らと繋がりやすくやります。リラックスの大切さは、ブルースのワークショップでも、またほかの瞑想法でもいわれていることです。ビズィー（気ぜわしい）な心では、繊細な彼らの波動をキャッチすることができないのかもしれません。

私の一番のアクセスポイントは、なんとお風呂とトイレです。無条件にリラックスしてしまうのかもしれません。さすがにトイレは最初、躊躇しましたが、今は「どうせすべてお見通しだから」と、気にならなくなりました。ただ困るのが、メモが取れないことです。特にお風呂は…。ですから長いメッセージなどが入り始めると、「この続きは後でお願い！」と、上がってからパソコンの前でということもあります。

ほかにも、台所で洗い物や食材を切っている時、洗濯物を干している時、道を歩いている時など、単純作業をしている時にアクセスしやすいようです。繋がりやすいポイントは、人によって違うだろうと思います。ぜひ、あなたのポイントを見つけてくださいね。

第5章
信念体系領域のリトリーバル

話をリトリーバルに戻しましょう。

エクササイズでは、リトリーバル対象者のところへは、ヘルパーに連れて行ってもらいます。ですから、それがフォーカス23なのか、信念体系領域なのかよくわからない場合もあります。（これらのエリアについては、冒頭で簡単に解説しました。18ページ参照）

また、信念体系領域だとしても、それがフォーカス24～26のどこなのかまではなかなかわかりづらいのです。実際はそれが問題になることはなく、そこにいる人をリトリーバルすることに変わりはありません。

さらにリトリーバルは、基本的には次の生への準備をするエリアであるフォーカス27に向かうのですが、ヘルパーの判断で信念体系領域に移動することもあります。たとえば、フォーカス24から25へ移動ということも有り得ます。そんなことをヘルパーに聞いてみたり、確かめながら探索するのも興味深いことです。

ファースト・リトリーバルは、フォーカス23が多い

エクササイズの中で、「リトリーバルする存在として、どうしてこの人が選ばれたのか」ヘルパーに聞く場面があります。その答えとして、「あなたは初心者だから、簡単なリトリーバルにした」と、ファースト・リトリーバルで言われていた人がいました。また、先日の私のワークショップでも、「久しぶりのリトリーバルだから、やりやすいものを選んだ」と言われていた参加者がいました。

簡単なリトリーバルとは、どんなリトリーバルでしょうか?

エリアでいえば初心者の多くは、フォーカス23に連れて行かれることが多いようです。フォーカス23は、単独で存在する場合がほとんどで、一対一でコミュニケーションも取りやすいですし、ほかの仲間からの妨害もありません。また、自分ひとりで創り出した世界の中にいますから、本人が意識を変えるだけでその状況から容易に抜け出すことが可能です。

さらに、説得に応じやすい人というのもあるでしょう。長い間そこにいて、もう出たいと思っているのにその方法がわからずにいる人なら、ヘルパーとの中継ぎのみで役割が果たせてしまいます。

そして、ヘルパーはちゃんと私たちの技量や癖、得意分野や好みを知っていて、それに応じた対象を用意してくれるようです。あるいは、自分に関係のある対象の場合もあります。私のファースト・リトリーバルは、自分の重要な過去世でした。あの時、それを見ておく必要があったのだろうと思います。

ただ、ファースト・リトリーバルが必ずフォーカス23とは限りません。もしあなたが難しそうな状況に遭遇しても、ぜひ諦めず果敢にアタックしてほしいと思います。きっとあなたには、その実力があるはずですから。

また、同じフォーカス23でも、対象者が子どもの場合はちょっと工夫が必要かもしれません。子どもの気持ちになって考えてみてください。ブルースの著書の中にも、「知らない人に付いて行ってはダメとママに言われているから、一緒に行かない」と言われ、その後友人のレベッカの機転で、

「空を飛んでみたくなぁい?」と、誘い出すシーンがあります。実際の子どもと接するのと同じように、怪しまれず気持ちをそそるような演出が必要かもしれませんね。

また、自殺者のリトリーバルも細心の注意が必要です。衝動的な場合を除き、心に闇や傷を負って引きこもりに近い状態になっていることが多いのです。無理に説得しようとせず、何度か訪ねるつもりでいたほうがよいかもしれません。これは、私の経験から学んだことです。

信念体系領域とは?

フォーカス23以外にリトリーバルで救出に向かうのが、「信念体系領域」と呼ばれ

るエリアです。モンローは、ここをフォーカス24～26という３つのエリアに分類しています。24から26に向かうにつれ、同じ信念が生み出す世界でも程度が軽くなっていきます。ですから、フォーカス26は24よりリトリーバルしやすいかもしれません。

しかし、実際にリトリーバルの対象者のところへ着いたとき、そこがどのエリアなのかは、フォーカス23も含め非常に気づきにくいように思います。初めのうちは、ヘルパーに訊ねてみることをお勧めします。そして多くの経験を重ねるうち、徐々に理解する感性を養っていくことができるでしょう。

まずは、自分の着いたエリアはどこだろうと、興味を持って探索することが大切です。もし判らなくても、実際にリトリーバルに支障があるわけではないので、心配はいりません。ただ少し余裕が出てきたら、あなたの好奇心を満たすために、ぜひ探索してみてほしいと思います。

また、これらのエリアを訪問するためのツールとして、ヘミシンクの『ゴーイング・ホーム』（日本語版あり）というＣＤを使ってみるのも有効でしょう。

このエリアには人々の持つあらゆる信念が作り出す世界があると言われています。それを担うのは、生前に強く抱く執着の意識です。前述した「さながら天国」と「さながら地獄」もそうですが、人を騙すことに生きがいと快楽を感じる者たちが集まり、永遠に騙し騙されを繰り返す世界が、ブルースの著書の中に出てきます。それは地獄とは違うおぞましさに満ちた世界だそうです。

「～が正しい、～すべき、～ねばならない、～しないと許せない」という強い想いが信念を作り出しています。

その元は、家庭や学校で教え込まれた知識であったり、小さい頃の些細な体験が生み出す防衛本能であったりします。それらを明らかにし、必要ない信念を解放するプログラムが、ブルースの「自己探索・セルフヒーリングコース」に入っています。参加者のほとんどが、気づいていなかった自分の一面を発見できる素晴らしいプログラムです。ぜひ多くの方に、実際に体験してほしいと願います。

私が訪れたことのある信念体系領域のエリアは、たとえばキリスト教に命を捧げた者たちのエリア。ここでは、祈りを捧げることが天国への道と信じられていました。

また、日本の武士の集団。戦いが敗北に終わったことを認められずに、永遠に戦い続けていました。日本人の多くは武士の過去世を持っており、彼らは団結力が強いため単独でのリトリーバルは難しいそうです。武隊全体を一緒にリトリーバルする必要があるようです。そこには、ちょっと工夫が必要かもしれませんね。

そしてとても楽しかったのが、忍者同士が戦いを続ける世界。忍者は影の存在で、忍者になる際、人としての道を放棄した者たち。戦いを止めると地獄に落ちると信じており、二つのチームに別れ、何度もゲームのように戦いを続けていました。そこはフォーカス26らしく、ここにいる必要がないことに気づいている者が多いのですが、そこを離れる方法がわからないのと、これ以上人数が減ってしまっては戦い自体が成立しなくなるため、そこに留まっていたようです。

この時は、2回に分けてのリトリーバルでした。まず一チームを説得して、その後残りのチームもリトリーバルしました。

そんないくつかの体験は、私の空想だといってしまえばそれまでかもしれません。しかし、それらを自分の体験として信頼する気持ちから、知覚する能力がアップしていくことは確かです。

また、そこから学ぶことも多数あります。ですから私は、空想か真実かにこだわるより、それだけで充分に有意義な体験だと思うようにしています。

「無の世界」のリトリーバル【エクササイズ体験談】

そのような体験の中で、非常に興味深いものがあるのでご紹介したいと思います。

みなさん、「無の世界」というと、真っ白な世界と真っ黒な世界、どちらを想像しますか？　私は、真っ黒な世界をイメージしていました。そんな中での体験です。

これはワークショップ中の体験ではなく、ワークショップに参加した数名が集まって練習会を行なった時の体験です。参加者は10名ほどで、あるマンションのミーティングルームをお借りし、ブルースのワークショップで収録し参加者に配布されたリトリーバルの録音ＣＤを流しながら行なったものです。

（注）体験記に出てくる「アファメーション」とは、一般的には「肯定的に宣言する言葉」という意味ですが、この場合は、そのエクササイズで体験する内容について宣言し、さらに非物質な存在たちのヘルプを求めるための言葉です。詳しくは、12章で説明しています。

＊

いつものように準備プロセスを終え、アファメーションをする。ＣＤには、何も指定せずリトリーバルを行なうアファメーションが入っているが、それではつまらないので、勝手に変えて行なうことにする。

「自分および自分に関係のある者の過去世のリトリーバル」と限定して行なう。

ヘルパーを呼ぶと、白く輝き強い光を発する存在。輝きが眩しく、人としての実態を持っているのかどうかもわからない。

誘導に従い、ヘルパーとリトリーバルする対象者のところへ移動する。着いたところは、真っ白な世界。とにかく白い！　いつも私の視界は暗いので驚く。顔に何か光が当たっていて目を瞑っても白く見えるのかと思い、目を開けてみる。冬の午後３時過ぎ、集中しやすいように蛍光灯も消してある。窓から入る日差しは弱く、部屋全体が薄暗い。物質的影響ではなさそうだ。

再度目を瞑る。やっぱり、真っ白だ！　いったい何？　と動揺しながらも、誘導に沿って印象を集めていく。何かが存在しているようではある。でもこの世界は光が全くなく、ただ白い、、、だけなので、凹凸や境目を判断することができず、物や人の存在を認識できない。白い世界が無限に広がっているように感じる。

しかし、ここで諦めないのが私だ。心で感じるよう努めながら超視覚を駆使すると、チラッと何か見えるときがある。王様とお后《きさき》様の顔が浮かぶ。しかし、能面のように表情が全くない。しかし、その無表情の奥に助けを求めるようなSOSと、何も発することができないもどかしさのような意識を感じる。何かを訴えかける人質のような印象だ。

さらに、目を凝らして気持ちを集中して見渡すと、大広間にかなり大きなテーブルがあり、たくさんの食べ物が並んでいるのがわかる。そして、その周りにたくさんの人の気配を感じる。さらに周りに意識を広げて観察すると、そこはどうもお城で、城の周りに町があるように感じる。

ここは、どこなのかと誰にともなく訊ねてみる。すると、「感情と色のない世界」という言葉が頭の中に入ってくる。そして、誰も言葉を発することができない。

そうこうしているうちに、誘導がもうリトリーバルの場面に入ってしまい、どうしたらよいか焦りを覚える。

「そうだ、まずヘルパーを呼んでしまおう」と、ヘルパーに助けを求めるように懇願する。

すると なんと、現れたヘルパーは何も言わず、自らが輝く光の階段になり、その大広間にリトリーバルの道を創った。階段のある場所だけがヘルパーの放つ光で、立体感を持つ。観ているとそこにまず、あの王様とお后様が昇って行くのが見える。やはり色はないが、立派な服装の二人が、他の者たちを促すように昇って行く。その後を次々と非常に多くの人々が続く。

そのまばゆい階段を見つめていると、うとうと眠くなってしまった。気がつくと、誘導ナレーションは先に進んでいて、５分ほど眠ってしまったようだ。そして階段はと見ると、なんとまだたくさんの人が昇り続けているではないか！　いったい何人の人がこの世界に囚われていたのだろう。

誘導が、どこに着いたかを観察するよう言っているので、そうだと思い、私もその階段の先に行ったつもりになってみる。すると、広い草原に多くの人が何重かの輪になっているのが見える。私はかなり上空から見ている感じで、人は小さな豆粒くらいだ。これだと何万人かいるかもしれない。

ヘルパーにインタビューするよう誘導が入る。誰の過去世が含まれているのかと聞く。

「現世で表情が少ない人、感情の起伏の少ない人」私の家族や友人、そしてこの中にもいると3人の名前を教えてくれる。

また、なぜこんなリトリーバルを私にさせたのか聞くと、

「この世界を認識できる人はなかなかいないから」という答えだった。

さらに、私のハイアーセルフガイドも白い光だったので、もしかしたらグレードアップして輝きを増したのかと思い、私のガイドかと聞くと、「もっと広く大きなもの」との答えをもらう。

＊

さて、エクササイズの後、シェアリングをします。

すると不思議なことに、先ほど名前を聞いた3人は、体験の中に白いものが出てきていました。これは、証拠かもしれないと思いつつ、アファメーションで「自分および自分に関係のある者の過去世」と限定したことを思い出し、何かすっきりしない気持ちが残っていました。

そこでさっそく次の日に、自分のガイドにお願いし、昨日のリトリーバルの検証をさせてもらうことにしました。なんといっても、どうしてあのような世界に閉じ込め

られることになってしまったのかが気になります。

まず、彼らが生きていた頃を見せてもらうことにしました。

＊

ある小さな王国が見えてきた。紀元前数百年。ペルシャという言葉が浮かぶ。

ある国を治める国王と后。国王は、民に慕われている。アイデアの豊富な王は、様々な技術を自ら携わって開発し、時々民のもとを訪れては、技術指導も行なっていたようだ。頼りになる王として、国民の信頼を得ていた。

豊かな国土を持っている。農耕と織物が盛んだ。色彩豊かな織物を織れる職人がたくさんいる。幸せな暮らしがそこにある。

しかし、周りの国からは、豊かな国土と優れた技術を狙うものが絶えない。ある時、隣国の陰謀と内部の者の裏切りによって王と后は毒殺される。王にはひとり息子がいたが、早くに亡くなり、その後、後継者が育っていなかった。指導者を失った国は、あっという間に敵国に落ちる。

だが、民は前王を慕っており、新国王に全くなびかない。困った新国王は、魔女を使い、「言うことを聞かず、いつまでも前王を慕うものは、死ぬと二度と抜け出せない真っ白な無の世界に入ってしまう」と脅す。

それでも、民の結束は固く「無の世界」も覚悟の上、前王の育ててきた技術と美学を踏襲しようとする。その結果、彼らは死とともに「無の世界」に囚われてしまったのだ。王と后もそれを知っており、責任を感じて自らその世界に身を投じることになる。どうにか救い出そうと、その世界に入るがその中ではなす術がなく、年月だけが過ぎていった。

＊

魔女の使う呪いや魔術は、実は洗脳であり、言われたことを受け入れることにより、集団信念体系が形成され、自らそこへ入ってしまうということらしい。それは一種の自殺行為にも似ている。そういう、ガイドからの解説があった。

さらにどうも、王とお后は私の家族の過去世らしい。なるほど、それなら確かにアファメーション通りの体験といえる。

こんな話をいくつかのシーンとともに教えてもらいました。ガイドに見せてもらう過去世は、必要な部分だけをピックアップしてくれるので、わかりやすくて話が早いという利点があります。

しかしその分、自分の想像ではないかという疑いも否めないことも事実です。

でも、これだけのストーリーを瞬時にでっち上げられるほど、私は豊かな想像力を持っているとは思えません。さらに、いつもみなさんにお話するのですか、１００％を想像することは不可能なのです。体験の中には、必ず何％かは真実が入り混じってしまいます。

これも、体験から学んだことのひとつです。

第6章
亡くなった人に会いに行ける？

ブルースのワークショップ「死後探索コース」で、次に行なうのが「死後世界の特定の人を訪問する」エクササイズです。これは、マニュアルにも載っています。

ブルースのワークショップの参加者の中には、このエクササイズが目的の人が多くいます。亡くなってしまった大切な人に会うことができたらどんなに嬉しいことでしょう。また、辛い亡くなり方をした身内や知人がどうしているか気にかかっている人も多いでしょう。

そんな人の「今」に会い、その証拠を受け取ることができれば、お互いに安心することができるだろうと思います。それは、故人のリトリーバルにも繋がりますし、残された者が自分の人生を歩み始めるきっかけにもなるでしょう。

実は私も昨年の夏、父を亡くし、死後世界に触れていてよかったと心から実感しました。こんなにも穏やかな気持ちで送り出すことができるとは、自分でも驚くほどでした。幾つになっても親の死はショックなものだと聞きます。充分にしてあげられただろうか。あの世で安らかに過ごせるだろうか。心残りはなかっただろうか。大切に思えばなおのことその思いは強いでしょう。

しかし、それらのどれも私にとっては、これからでも解決可能な事柄です。そして何より、これが永遠の別れではないと知っていることが、これほどに別れの悲しみを和らげてくれるものだとは、実際に体験して初めて実感できたことです。

さらに、送り出す数か月を回想するとき、その対処の仕方や抱く想いが大きく違っていたことに改めて気づかされます。終末期の医療には、家族は難しい選択を迫られるものです。それらへの対応は、死後世界を知る者と知らない者とでは、本当に大きな違いがあるでしょう。

その前段階としても、この死後世界の住人を訪問する体験は、私にとって意味ある経験になりました。

さらにまた、ブルースは、この探索で絶対に自分で想像し得ない事実を証拠として受け取ることができ、死後世界の実在を認めることができるようになったそうです。

この方法は、検証がしやすいのです。過去世を検証するのは難しいですが、これなら故人の生前の情報をたくさん集めてくれれば、故人を知る人によって割と容易に検証できます。その中に、ひとつでもぴったり一致する点があれば、それはすごいことです。その人に実際に会ったという証明になるわけです。

ですから、このエクササイズは終わってすぐに答え合わせが可能なとてもワクワクする体験なのです。

このエクササイズを行なうに当たっては、主催者は細心の注意を払う必要があります。マニュアルに書かれているいくつかの理由で、訪問に問題が生じる可能性があるからです。たとえば、名前を交換するために書いた他の紙に触れてしまっただけで、最初に触れた人のところに訪問してしまったり、紙に名前を書くときに最初に浮かんだ人でなく別の名前を書いたために、書かなかった人のところへ行ってしまったりという不思議な現象が起きます。

ある意味、それくらい人の意識や無意識が大きく体験に作用するともいえるわけです。それは実は、現世での出来事に関してもいえることなのだと私が言ったら、あなたは信じてくれますか？　そんなことを考えながら、探索を続けるのも新たな発見に繋がるのではないでしょうか。

だいたい合っている？【エクササイズ体験談】

私の最初の「死後世界の特定の人を訪問した」体験をご紹介しましょう。

みなさんもそうだと思いますが、すぐに検証ができるということは、ワクワクするとともに、どきどきするものです。緊張しながら始めたのを今も覚えています。

＊

準備プロセスを行なううち少しずつ緊張が収まっていく。まな板の上の鯉の気分だと思いながら、誘導に従いヘルパーを呼ぶ。

ヘルパーは、中国の僧侶風の男性。はっきりしない。左側が温かく感じる。余りコミュニケーションが取れない。

移動の誘導が入り、対象者Nさん（男性の名前）のところへ移動する。着いたところは、病院の６人部屋くらいの病室。Nさんは窓際のベッドに腰かけて外を見ている。60〜70代の割と小柄なおじさん。白地にブルーとグレー系のラインのパジャマを着ている。さっぱりしたベッド回り。点滴をしている。

声をかけ自己紹介すると、急にNさんは車椅子に自分で乗り、どこかへ行こうとする。慣れた様子で点滴を車椅子に移動し、こぎ出す。病室の重い引き戸は空いている。廊下に出るNさんを追いかけ、慌てて声をかけ押させてもらう。廊下で、看護婦さんとすれ違う。いつもの感じという印象で軽く会話している。

どこへ行くのかと思ったら、病院の談話スペースの喫煙コーナーだった。茶色のたばこを取り出し美味しそうに吸う。

ここで、いろいろな情報を集めるように誘導が入り質問をするが、無口な人なのかあまり答えてくれない。それでも、手術したこと、内臓系の病気であることなどを教えてくれる。少しやせている印象を受ける。真面目で実直な性格のようだ。

何か言いたいことはないかと聞いてみる。

「あまり見舞いに来てくれないんだよね」と少し淋しそうに言う。依頼者についてらしい。

依頼者との思い出のシーンを聞いてみるよう誘導が入り、聞いてみる。キャッチボールをしているシーンが見える。ほかは？　と聞くと、水族館へ一緒に行った映像が見える。ともに、小学生くらいの少年と父親だ。次に、卒業式や入学式に参加している姿が見える。当時、父親が参加するのは、珍しかったのかもしれない。

趣味や好きだったことを聞くと、松の盆栽をイメージで見せてくれる。よく手入れされた自慢の品という感じだ。

住んでいた家を聞くと、和風の家が見える。奥様がいるようだ。

依頼者をなんと呼んでいるか聞いてみる。「まさし……」と聞いて、身近な人の名前と同じで、これは想像だと思い打ち消してしまう。再度、聞くと「たかちゃん」と言っているように感じる。

依頼者へのメッセージをもらう。

「がんばれ！　愛しているよ」という言葉とともに、今仕事か何か大変なことがあり、くじけそうになっているイメージが伝わって来た。それに対して言っているようだ。

リトリーバルは必要ないと判断し、感謝の気持ちを伝え戻ってくる。

（プライバシー保護のため、一部名前は変えてあります）

＊

エクササイズ終了後、名前を書いてくれた依頼者とペアになり、シェアリングをします。私の依頼者は、対象者の息子さんでした。その点もヒットです。まず、体験を一通り漏らさず話します。依頼者はメモを取りながらそれを聞き、聞き終わってから検証に入ります。テストではないので、できるだけ合っているところを見つける気持ちで聞いていきます。

依頼者は、体験を聞いてほぼ合っていると言ってくれました。先ほどのお父様とよく似た感じの、必要なこと以上は語らないちょっと無口な方でした。入院は2回しており、2回目は術後の経過が良くなく、そのまま病院で亡くなったそうです。私が見たのは、1回目の入院の際か、それともそういうことではないのかは不明です。

今思えば、今も非物質な世界の病院いるということも考えられます。とにかく初めてで、そんなことを考える余裕もなく終了してしまいましたが、ただ全体に明るい感じで、ほかにも病院には人がたくさんいたので、問題なしと判断してしまいました。

わからないときは、取りあえずリトリーバルしてみるのがよいでしょう。後の祭りですね。

そして、一点明らかに違うと言われたのが、「たかちゃん」という呼び名でした。何と呼ばれていたのかを聞くと、「まさし」か「まさちゃん」と答えるではありませんか。なんと、私が最初に聞いた名前だったのです。シェアの時は、言わなかったのです。

こういうことは実際よくあります。私のワークショップでも、シェアリングの注意事項で、いつも、

「絶対に漏らさず、これは違うと思っても必ず言うようにしてくださいね。また、些細な事柄も省かずに共有するようにしましょう。そういうところにヒットが隠れていますから」と注意をするのですが、先日のワークショップでも、言い忘れのヒットがありました。依頼者がたまたまそのことに触れてくれたのでよかったのですが、せっかくのヒットがそのまま埋もれてしまうところでした。

これだけのヒットにも関わらず、わたしは何か少し物足りない感じを覚えました。それは周りで「わー」とか「きゃー」と盛り上がってシェアリングしていたからです。でも、私のところは淡々と！　という感じで、なんだか大して合っていなかったので

は？　という気持ちになってしまったのです。依頼者は、少しオーバーリアクションでよいかもしれないですね。

杖を突いて犬の散歩に行く老人【エクササイズ体験談】

2回目に参加したブルースのワークショップでの体験をぜひみなさんと共有させてください。これは、私には感動の体験だったのです。また、いくつかの面白い要素も含まれています。

＊

2回目の参加なので、要領もわかっていていてリラックスして臨むことができているが、このエクササイズだけはやはり緊張する。全く違っていたらどうしようと思う。がっかりもするし、名前を提供してくれた人にも悪い気がする。どうしているだろうかという思いで、名前を書いてくれたに違いないだろうから。それにトレーナーになろうとしているのに、全然ダメじゃまずいよなぁ……。

そんなことを考えながらも、いつものように準備プロセスを終え、心を落ち着けエクササイズに集中していく。イメージング誘導が終わり、ヘルパーを呼ぶ。

現れたのは、白にベージュの混ざった和風の犬だった。最近、ヘルパーが犬のことが多い。なんだか自分で創っている気がしてならない。ヘルパーだし、一度手放して消してしまってもかまわないだろうと思い、深呼吸して姿を消す。そして、新たなヘルパーに来てくれようアファメーションする。

次に現れたのは、ぼんやりとした人のシルエット。姿が見えてこない。がんばって意識を集中すると、手が見えてきた。そして、手に綱を持っているようだ。その綱を渡された。綱の先をたどって視線を動かすと、なんと！　さっきの犬がいるではないか。

ありゃりゃ、そういうことね。あなたでなければならないのねと、納得する。しっぽがふさふさして丸まっている。賢そうな犬だ。その犬に先導してもらうように、誘導に従って対象者Yさん（男性の名前）のところへ移動する。

対象者をまず感じるよう誘導が入る。おじいさんだ。白髪混じりで髪はわりと多い。めがねをかけているようだ。セーターとズボンというラフな服装。

どんな性格か感じてみる。真面目そうに見える。家では無口な方。特に女性と話すのは苦手。さらに、強そうだが本当は情が深い人というイメージが入ってくる。

死の場面を聞く。胸が痛い、苦しい感じが伝わる。しかし、長くは苦しまなかった。胸の病気だろうか。

生前のシーンを見せてもらう。すると、犬と散歩する姿が見える。しかし、Yさんは杖を突いている。とっさにエッと思う。杖を突いて犬と散歩なんて危ないと、私の中で警告を鳴らす。もし、犬が走り出したらどうするの？　そう、Yさんに言うと、

「歩かないと足が弱くなるから」と答える。

すっきりはしないが誘導に従って次に進む。

今いるところについての印象を集めていく。和風の家。小さめの庭に犬小屋がある。庭が見える縁側付きの和室にいる。

好きなものを聞く。たばこ、株、ビールかお酒を飲みながら野球中継を観るのが好きだという。

奥様についてお聞きすると、いやにはっきりと、

「わしの妻は美人じゃ！」と答えてくれる。愛妻家なのだろうか。

今の年齢（死後世界では、好きな年齢の姿になれるらしい）はと聞くと、「70歳」と

答えてくれる。亡くなった頃の年齢のままだそうだ。どうしてかと聞くと、「妻を待っている」とのこと。妻がすぐにわかるようにということらしい。そんな思いが伝わってくる。

依頼者について聞いてみる。すると、「あまり話をしなかったことを後悔している」とのこと。共通の思い出を聞くと、結婚式で泣いたらしい。

訪問の証拠をほしいとお願いする。立派な日本刀が見える。コレクションか？　赤い富士山の掛け軸か額の絵が浮かぶ。どちらかははっきりしない。

依頼者へのメッセージ。

「母さんを頼む。よかったら会いに来てほしい。がんばり過ぎないように」

その後、ヘルパーに飼っていた犬の名前を聞いてみる。「ケン」か「タロ」と聞こえる。ヘルパーとYさんに感謝の気持ちを伝え戻ってくる。

＊

シェアリングまでの間、どきどきでした。全然違っていたらどうしようと。そしてシェアを始めました。依頼者は、女性でその方のお父様ということでした。

何よりも感動したのは、私が話す体験を聞きながら、彼女が涙ぐんでいたことです。父だという実感を持っていただけたからこそ、感情が湧いて来たのでしょう。本当によかったと、私ももらい泣きしそうになりました。

そして、気になっていた杖を突いての犬の散歩ですが、なんと実際にそうだったのです。身体を悪くしてから、リハビリを兼ねて毎日、大好きな犬と散歩していたそうです。犬はそれを心得ていて、Yさんをサポートしていたそうです。偉いワンちゃんです。

そのほかも、ほとんどがそのままで、お母様はご健在で確かに若い頃はかなり美人だったし、彼女はお父様とあまり話さなかったそうです。一杯やりながら、野球中継を観るのも好きだったそうです。

少し違うのが、犬は日本犬ではないことと、株をやっていたという事実は知らないこと、そして結婚式で泣いていたかどうかは不明との点でした。

そして、犬の名前は「ケンタ」だそうです。ケンとタロを併せた名前だったのです。

私も、こんなふうにいつもうまくいくわけではありません。その後何度か「死後世界の特定の人の訪問」を行なっていますが、あまり合っていないことも多いのです。

でもブルースも言っていました。たったひとつでもヒットといえるような合致事項があれば、それはあなたが死後世界に行ったという、そして死後世界があるという実証になると。

ですから、絶対に当たり50％以上で本当と認めるような捉え方はしないでください。それは、疑いの罠への入口ですから。

生まれ変わった人

「死後世界の特定の人を訪問する」場合、その人が生まれ変わっている場合もあるかもしれませんよね。ブルースのワークショップでそんなシェアをしてくれた方がいました。

初めはヘルパーとともに、宇宙まで飛んで行ってしまったそうです。どこに行きたいかと聞かれ、さらにヘルパーに対象者のところへ連れて行ってくれるようお願いすると、ぐるぐる宇宙を回っていたと思ったら、今度は急降下を始め、地球にすーっと戻って来たそうです。

そして、そこにいたのはなんと赤ちゃん。赤ちゃんに質問しても答えてくれないだろうと思いながらいろいろと質問をすると、赤ちゃんの顔に大人の男性の顔が重なるように見え、その男性が答えてくれたそうです。つまり、その赤ちゃんは男性の生まれ変わりということです。

こんなふうに諦めなければ、生まれ変わった人の元を訪問することも可能なのですね。

また、これ以外にもコンタクトが難しい場合があります。

対象者が、一時的にコンタクトできない状況にある場合。亡くなったばかりで死後世界へ旅立つプロセスの中にいる場合や、逆に生まれ変わる途中の段階にいたりするときは、コンタクトできないかもしれません。

先日、私の父が亡くなったときも、葬儀が終わってしばらくの間、まったく存在を感じない時期がありました。ガイドに聞くと、「あなたのお父様は実直な方で、正規の道筋を辿って死後の世界に到達したいようです」と、そっとしておくように言われました。

ほかにも、何らかの理由でコミュニケーションしないと本人が決めていることもあるそうです。また、前述の生まれ変わっている場合、コンタクトを拒んだりコンタクトしても生まれ変わっていることに訪問者が気づけないこともあるでしょう。

さらに、訪問者が介入することがその人のためにならないと判断された場合、たとえばヒーリング中などにその人の知人に会うことが、悲しみや痛みを強めてしまうことになってしまうそうです。

私の経験では、自殺した友人にリトリーバル後、改めて会いに行ったら、何かを学ぶ学校のようなところにいて、今は生前の知り合いに会わせられないと言われたことがあります。このときは、ヘルパーにある程度の情報をもらうことはできました。

また、訪問する側に問題があることもあります。身近な人の死などで深い嘆きや悲しみがある場合、悲しみとともにコンタクト自体を遮断してしまうことがあるそうです。この場合、ほかの人はコンタクトが可能です。

しかし、これらも不可能を知らない子どものように、出来ないという思いを持たなければ、案外簡単に出来てしまうものなのかもしれませんね。

第7章
パートナー探索

ブルース・モーエンのワークショップでは、「パートナー探索コース」は独立したひとつのプログラムとして位置付けられていますが、日本で行なう場合、前述の「死後探索コース」と一緒に、ベーシックコースとして5日間で行なっています。

「パートナー探索」については、『死後探索4　人類大進化への旅』（ハート出版）にいくつかの実例が、探索者の体験記そのままで登場します。それらは非常に興味深いもので、いくつかの合致点といくつかの相違点があり、それらの生じる理由を体験記から推測しながら読み進めると、多くの発見があるでしょう。

そして、ワークショップの「パートナー探索コース」は、初期段階のパートナー探索の技法をお教えするもので、実はこの先に大きな可能性があることを最近になって感じています。

とはいえ現在はまだ「パートナー探索コース」のトレーナーレクチャーを受けていないので、ここからは特に、一参加者の言葉としてお読みいただけたらと思います。ブルースの『死後探索マニュアル』にも最後に少しだけ触れてはいますが、その詳細については書かれていません。私の知らないこともたくさんあるかもしれません。ということで、今回は体験談とある程度の紹介に留めておきたいと思います。

パートナー探索が可能にすること

「特定の人の訪問」のように、ある程度の検証が可能な探索は、死後世界の探索の最初の一歩としては最良のツールだといえるでしょう。

しかし、死後世界には、現実世界での検証が難しいことが多く存在します。そんなとき有効なのが、「パートナー探索」の技法です。ふたり以上のグループで同じところや事柄について探索し、その体験を交換し合います。もし、同じ情報を持ち帰ることができれば、その死後世界に関する情報は実証できたことになります。

それは、画期的な手法といえるでしょう。現実世界には持ち帰ることのできない情報を、「在るもの」として位置付けることができるのですから。

たとえば、生まれ変わりのエリアには、どんなセンターがあるか探索します。そこであなたがパートナーと共通する情報を得ることができれば、それは「在るもの」と考えることができるでしょう。

さらに、それが新しいセンターに関する情報だったとしたら、それは大きな発見です。そのように「パートナー探索」で得られる情報は、誰にでも可能性のある新発見であり、意識の進化に繋がる大きな一歩に成り得るのです。

また、一致する情報を持ち帰ることができれば、あなたは自分の体験に信頼を持つことができるようになり、それがあなた自身の知覚能力の拡大に大きく貢献してくれるでしょう。そして次は、あなたが慣れないパートナーをリードすることも可能です。

自分たちで、検証できる事柄をセッティングすることも可能です。

参加者のあるグループは、自分たちで検証可能な実験を試みました。ひとりが仕掛け人になり、グループのメンバーにどこかの場面で何かをプレゼントすることだけを決めて、探索に臨みました。そこで、仕掛け人と共通の情報を持ち帰ることができれば、仕掛け人とその人は、死後の世界で実際に会いプレゼントをもらったことが立証されます。

さらに、ひとりでは解決できない問題をパートナーたちと協力し合うことで、解決する手段を見つけることができるかもしれません。

たとえば、集団で存在する信念体系エリアのリトリーバルには、複数で臨むことは大きな効果が期待できます。大きな事故の救出リトリーバルにも、たくさんの存在が手伝いに来ています。多くの者が集まることで、エネルギーは格段にパワーを増し、スムーズな救出活動ができるでしょう。

もうひとつ興味深いのが、パートナー探索を続けることで、自分の知覚認識の癖がわかってきます。たとえば、人の位置や行動はよく把握できるのに感情はうまく捉えることができない、つい自分の興味のあることに出会うとそちらに気を取られ、全体の流れがわからなくなってしまうなど。

これは、現世での癖にも類似しているかもしれません。それを知り、仕事や日常生活に役立てることもできるでしょう。

そのほかにも、いろいろな可能性があるでしょう。みなさんもぜひご自身の体験を通じて、新しい可能性を発見してみてくださいね。

非物質な集合場所

パートナーと一緒に探索するには、どこかで待ち合わせをする必要があります。そこで、ブルースが探索仲間の友人と創った非物質な集合場所を、エクササイズでの集合場所として使わせてもらっています。

この集合場所は、常にブルースのワークショップで使われているだけでなく、私を含めて、そこに参加した者たちがワークショップ終了後もいろいろな使い方をしています。そういう意味で、非常に活性化された場所なのです。

それゆえ、この集合場所はここを訪れる者たちによって、創設者のブルース自身も気づかぬうちに少しずつ変化しています。実は、私もここにいくつかのものを創って使っています。誰かそれを見つけてくれる人がいれば、それもひとつのパートナー探索の検証になるでしょう。

まず、ワークショップの参加者は、ほんの少しだけの手掛かりをもらい、この集合場所の探索に向かいます。その時、数名のグループに分かれ、実際に集合場所で集まり一緒に探索するつもりになります。この「つもりになる」という想像の感覚が、実は死後世界では現実となって現れてくるのです。

誰と誰がハグしたとか、ひとりがみなの肩をたたいて回ったなど、グループの中で一致する証言を得ることができるかもしれません。ささやかでも、とてもわくわくする経験です。それだけでも、死後世界が存在するという大きな証拠を得たことになりますよね。

またこの集合場所には、４つの探索可能な場所が創られています。そこをグループのメンバーと共に探索し、情報をシェアしていきます。この時、どの場所を探索ターゲットに選ぶかは、グループのヘルパー任せになります。ですから、グループの全員が同じ場所を選んだら、それだけでも凄いことなのです。

しばらく前、ワークショップに参加したメンバーで、新月の晩にこの集合場所に集まるという探索企画を行なってくださった方がいます。特に何をするということではありませんでしたが、誰が参加しているかわからない中、メンバーの誰かを確認できたらそれだけでも成果があるでしょう。そんなふうに、ブルースの「パートナー探索コース」に参加した者なら誰もが自由に使ってよい場所なのです。

また、パートナー探索の待ち合わせ場所として以外にも、いろいろな使い方ができます。たとえば、死後世界の誰かに会うときそこをミーティングの場所として使ってもよいでしょう。私はよく、知人のハイアーセルフガイドとお会いする時に使わせてもらっています。また、ブルースもよくいるようなので、ハグしてもらいに行ってもよいかもしれませんね。

クリスタルでエネルギーチャージ&浄化

さらに素晴らしいのが、この集合場所の中央には大きな「クリスタル」があることです。どんなクリスタルがどんなふうにあるのかは、ぜひ実際に確かめてみてほしいと思うのですが、このクリスタルを使ってエネルギーを活性化させたり、余計なエネルギーを浄化したりすることができます。

ですから、それ以後のエクササイズでは必ずこの集合場所を訪れ、エネルギーを活性化させた後、ヘルパーを呼んで移動します。そして、またエクササイズを終了する際にも、集合場所に立ち寄りクリスタルでエネルギーの浄化やチャージを行なってから終了します。

私は自宅で探索を行なう時、今も必ずこの集合場所とクリスタルを経由して、さらに帰りにも必ずクリスタルで浄化とチャージを行なって終了するようにしています。この方法で行なう限り、エネルギー的な問題を感じたことはありません。

逆に一度、問題を抱える知人のハイアーセルフガイドとお会いした際、エネルギーの浄化とチャージを行なわず戻って来たことがあります。ガイドだから大丈夫だろうと思ったのですが、なぜかやけに気分が重いのです。

そういえば、少し前にお会いしたある能力者がこんなことを言っていました。その女性は自愛に満ちた方で、ボランティアでガイドたちの言葉を代弁して本人に伝えていたのですが、伝えてもそれを役立てる人は少なく、「やっぱり……」というガイドのやり切れない想いや嘆きが伝わってきて辛くてたまらず、ガイドたちとの接触を絶ってしまったのだそうです。その話を思い出し、そういうこともあるのかもと、あわてて集合場所へ行って浄化とチャージをしたことがあります。

このクリスタルも日々多くの人々が使っているので、とても活性化され強力なエネルギーを有しています。頼りになる存在です。

また私の場合、訪れる度に色や様子が違って見え、その日の体験を予言しているかのようなその変化に、クリスタルに不思議な力を感じてしまいます。ほかの方はいつも同じように見えるのか確かめたことはないのですが、この集合場所を訪れたら、確かめてみてくださいね。

モンロー研究所にも実際に大きなクリスタルがあり、エネルギースポットとして、人々に愛されているようですが、同じように死後世界にも非物質なモンロー研究所があり、そこにもクリスタルがあるそうです。たぶんブルースたちは、それを参考にして集合場所にクリスタルを創ったのではないかなと思います。

こんな私の経験からも、ワークショップの終了後、誘導なしで探索を始めても面倒がらずに、ぜひこの集合場所はパスせず利用してほしいと思います。

第8章
パートナーとのリトリーバル

そして、いよいよ本格的「パートナー探索」の第1弾のエクササイズです。グループのメンバーが集合場所に集まり、ヘルパーと共に同じ人のところへリトリーバルに向かいます。さらに、スポークスマン（グループの代表者）が質問をしながら情報を集めていきます。

実際は、全般において誘導ナレーションをきっかけにそのつもりになって行なうだけですので、その中で一致する情報があれば、それはとても興味深いことです。

また、それぞれがヘルパーに連れて行ってもらうので、同じ対象者のところにみんなが行けるとは限りませんが、何か繋がりがあったりすることが多いのです。たとえば、水害で亡くなった方のところにほとんどの人が行っていたり、同じ国だったり、みなが若い女性のリトリーバルだったりというように。

私は、2回このエクササイズを行なっていますが、どちらもはっきりと共通する対象者のところへ到達できたわけではありません。ただ1回は、前述のように、みなが事故で亡くなった人をリトリーバルしており、さらに飛行機が絡んだ事故らしいという情報を得ました。気づかずにやり過ごしてしまう共通点もあるので、シェアリングの際にそれらの点を探しながら行なうことが重要だと感じました。

それから、代表者を誰にしたか、集合場所での並び方や会話の内容など、情報を検証できるチャンスはたくさんあります。それらも細かく報告し合う必要があるでしょう。

また、私の場合で興味深いのが、2回ともそのグループの方の過去世でした。そんなふうに、たまたま一緒のグループになった方の必要なリトリーバルをさせていただくこともあるのかもしれません。このエクササイズには、そうした意味合いもあるのかもしれませんね。

次回、ワークショップの際にトレーナーコースとして、この「パートナー探索コース」をレクチャーしてもらう予定ですので、そこでより深い考察を得ることができるだろうと、楽しみにしています。

ここは船の上【エクササイズ体験談】

これは、私の1回目の「パートナーと行なうリトリーバル」の体験です。残念ながらこの時は、それぞれがみな別の人をリトリーバルしていたようで、かつ共通点を探すシェアリングにも慣れていなかったせいか、リトリーバルの部分での共通点は探すことができませんでした。

ただ、あまりにリアルな体験であったことと、とても興味深い検証ができたので、詳細を載せてみようと思います。

＊

準備プロセスを終え、今回はパートナー（グループのメンバー）を想い浮かべ、みなで手をつないだつもりになってアファメーションの言葉を言う。

イマジネーションを使って集合場所へ移動し、周りの様子の印象を集めながら、習った方法で集合場所の中に入り、クリスタルでエネルギーを活性化する。

パートナーを想い出すことで集合し、誘導に沿って移動する。

（途中省略）

丸いベンチの中央に愛のエネルギーを集めながら、ヘルパーを呼ぶ。深呼吸をして、想像力でヘルパーに形を与えていく。

ヘルパーは、二八分けの黒っぽい髪をした、ラテン系の変な顔のおじさん。赤白の太目の横ストライプのTシャツを着ている。囚人服に似ていなくもないが、もっとイメージはラフな感じだ。赤白の囚人服はなかったっけと、余計なことを考えつつ、何でこんな人？　と思う。もちろん、初めて見る人だ。

誘導ナレーションに沿って、とにかくリトリーバル対象者のところへ連れて行ってもらう。

着いたのは、船の上。全体にとても暗いイメージだ。身体がゆらゆら揺れるように感じる。まるで海に浮かぶ船の上にいるように、とてもリアルに身体に感覚が伝わってくる。それと同時に、現実の私の身体も少し揺れだしたようだ。

暗い空と暗い海。木製のかなり古い感じの船。でも、それなりに大きい。バランスを取りながら船を見渡すと、下に下りる階段が見える。下を覗くと樽などが倒れて散乱している。目を凝らして甲板を観察するが、物はほとんど見当たらず、太いロープが無秩序に置かれている。

とてもひっそりしている。誰もいないのかとさらに探すと、甲板の物陰にひとりの若い男性がいるのを発見する。肌色は黒っぽく、かなり細身の若者だ。体操座りで足を抱えるように、下を向いて座っている。顔が見えない。

粗末なぼろぼろの服を着ている。元の色がわからないほどくすんでしまっている。何か、悲しみのような、寂しい想いが伝わってくる。

グループのみんなでしゃがんで囲み、愛の感覚を持つ。インタビューする代表を決める、代表者が質問しているつもりで誘導に従い、いろいろと質問しながら情報を収集していく。聞こえてはいるようだが、彼が顔を上げる様子はない。

生まれたところを訊ねると、アフリカ？　エクアドル？　いや、エチオピア？　……私が世界地理にかなり疎いため、きっと彼の伝えるイメージを解釈できないのだろう。

（後で調べると、エクアドルは南アメリカで、エチオピアはアフリカ大陸に位置する。

どちらなのかは、いまだはっきりしない）

しかし、次にイメージ映像のように、自然の大草原が広がる広大な土地が浮かぶ。なぜか、暖かい地域だとわかる。

いつ頃かという質問に、１４００年代という数字が浮かぶ。本当だろうか？

年齢を聞くと、18歳だと言う。陽に焼けているのか、元々なのかわからないが色黒な少年だ。すると、彼が語り出す。

「船に乗りたくなかった……」と。

好きなことを訊ねると、友達と草原を走り、小動物の狩りをすることだと言う。映像が見える。数人の若者が狩の道具を持ち、作戦を立てながら小動物を追いかけている。楽しそうに見える。充実感が伝わって来る。

どうして、船に乗ることになったのか聞いてみる。

「船に乗りたくなかった……。親？　に乗るよう言われた。こんなことになるなら、船に乗らずに、草原で狩をしていたかった……」

何か事情があり、親に船乗りになるよう言われたらしい。どうも、これが初めての航海だったらしい。

ヘルパーに、どうしてこの人のところに連れてきたのか聞くと、「グループの誰かの前世だから」と言う。その人は今でも海が嫌い、海が怖いらしい。誰かと聞くが、教えてくれない。

さらにヘルパーに死因を聞く。転覆。若者が海の中に沈んでいく姿が見える。さらにイメージ映像付きで説明が入る。嵐が来て、転覆しそうになった時、乗組員に何かを指示されたが、怖くて足がすくみ何もできず、しゃがみ込む若者。

そのせいで船が沈んだのではないかと、ずっと自分を責めている。後悔の念……、意気地なしの自分。みんなに申し訳ないと思っている。会わせる顔がない。こんな自分は、みんなのところに行く資格はない……、そんな想いを抱きながら、ずっとここにいると教えてくれた。

ここで誘導により、ヘルパーを若者に紹介する。ヘルパーが若者に何か話している。すると今まで、ずっと下を向いていた若者が顔を上げる。ふたりは抱き合い、懐かしそうに話している。どうもヘルパーは、船の乗組員だったようだ。彼が一番慕って頼りにしていた先輩らしい。話に花が咲いている様子で、若者の表情が明るくなる。

誘導に沿って、一緒にフォーカス27へ行く。さっき見た、故郷の草原だ。家のあった村に着く。両親と家族。そして、他の乗組員たちも出迎えてくれている。
彼は、その中へ入っていく。抱き合う姿……、見ているこちらも、ジーンとする。
その後、そこを離れ、ヘルパーに証拠をほしいと頼む。するとまた、
「グループに、海が嫌い、海が怖い人がいる。それが証拠」と言われる。
ヘルパーに感謝の意を伝え、所定の方法で戻ってくる。

＊

目を開けると、船酔いこそしませんでしたが、まだ身体が揺れている感覚が残っています。本当に船に乗っていた時と同じ感覚です。不思議なこともあるものだと思いながら、しばらくボーとしてしまいました。

誰の過去世？

ちょうどランチ休憩になったので、今回はランチを取りながらのグループシェアリングとなりました。

同じところへ行った人はいないか、そして海が嫌いで怖い人はいないか、逸る気持ちを抑えながら、順番に体験を語っていきました。しかし、船の上に行った人はいませんでした。

そして、私の順番になり体験を話し、さらに証拠でもらった海の話をしますが、みな特に海は嫌いではないということです。私の中に、納得できない気持ちが広がります。

「あのすべてが、私の空想のはずがない！　あんなにリアルに、さらに身体まで揺れていたのだから……」

その後の全体シェアリングで、船の上に行った人はいないかだけ聞いてみました。しかし、誰も声を上げることなく、すっきりしない気持ちだけが残っていました。ヘルパーの証拠も当てにはならないなぁと思いながら、次のエクササイズに入って行きました。

証拠の確認、本当にいた！

実は、証拠はあとでわかることが多いものです。

私のワークショップにご参加いただいた方からも、しばらくしてから、「あの時の証拠の品を見ました。確認できました」という感動のメールをいただくことがあります。見せられた証拠と類似するものを実際に目にしたり、もらった情報を調べることで検証できたりします。

だから、その場ですぐに意味がわからなくても、しっかりメモを取り、大切に覚えていてほしいのです。とはいえ、この時の私のようにすぐに確かめられることもあるでしょう。

次のエクササイズに入る時、はっと思い出したのです。昼食の時にブルースのところへ行っていてシェアリングに参加していなかった人がいたことを。もしかしたらと、次の休み時間に聞いてみました。

「海は好き？」

「海は嫌いです。というより恐怖感があって入れません」
と答えるではありませんか。この人だ！　ほんとにいたんだと、私の心は小躍りしました。

その日は、前半の5日間のワークショップの最終日で、みなが慌ただしく、さらにその海が嫌いな彼は、後半のアドバンスコースは参加しないため、この日が最後でした。詳しいことは、メールで報告することにしてその日はお別れしました。

その後、メールで体験を報告しました。そして、夏が終わる頃、嬉しいご報告をいただきました。今までは恐怖心が先にたち、波の近くに行くこともかなりしんどかったのだそうです。それがあの後お子さんと海に行き、波打際に立って海水に足を浸けることができるようになったそうです。彼にとっては、大きな進歩だそうです。

きっとこれは、リトリーバルの効用なのだろうと、私は信じています。

そんなふうに過去世のリトリーバルによって、ご本人の今に変化が起きてくるのです。その後、私はそういう事例をたくさん経験することになります。そして、それはリトリーバルしてもらった本人がそのことを知らなくても起こることがあります。

不思議な現象ではありますが、それほどに過去世と自分が深く繋がっている場合があるということなのでしょう。

もちろん、すべての過去世がそのように深い繋がりを持っているわけではないだろうと思います。しかし、中には彼のように、あるいは前述の私の過去世のように深く関わっているケースもあるのです。彼とは今もたまに連絡を取っていますが、またその後の様子を聞いてみようと思っています。

このように、私たちの知らない世界に、まだ知らないことがたくさんあります。それらを発見することは、私たちの中の何かを刺激し、忘れていた何かを想い出させるのかもしれません。それが意識の進化に繋がるだろうことを、まだおぼろげながら感じています。

そこには、あなたの求める幸せもあるのかもしれません。だからこそ、それをみなさんに知ってもらいたいと心から願います。

第９章
写真の人を訪問する

次のパートナー探索のプログラムは、写真を使って行なうエクササイズです。
あらかじめ、訪ねてほしい故人のいる参加者数名に、その方の写真を用意して来てもらい、それを人に見られないようにそれぞれ茶封筒に入れ、さらに封筒の表に、故人の名前を書いてもらいます。グループの中に、写真提供者が入らないよう工夫しながら、各グループに一枚ずつ封筒を渡します。

この探索も、グループのパートナーたちと共に行なうようイメージし、対象者にリトリーバルが必要なら習った方法で行ないます。

終了後、写真を提供してくれた人を交えてシェアを行ないますが、この時、提供者はすべての報告が終わるまで、メモを取りながら黙って聞き、その後で報告についてコメントしていきます。

手順としてはこんな感じですが、写真があるのですぐに人物像の検証は可能です。また、写真の人とは合う部分が少なくても、グループ内では共通の情報が出てくることもよくあります。さらに、名前を見ていないのに、別なグループの写真の人のところへ行ってしまうということもあったりします。

そんなふうに、不思議なことがいろいろ起こったりします。それで終わりにせず、なぜそんなことが起きたか、またどんな意味があるのかを探るのも新たな探索の旅の始まりになるかもしれませんね。

無口なスポークスマン【エクササイズ体験談】

まず、1回目の参加の際の体験談をご紹介します。

＊

前回同様パートナーを感じながら、準備プロセス、名前を入れてアファメーションを行ない、集合場所に移動。エネルギーを活性化させ、みなで集まったらヘルパーを呼ぶ。（ここまでは、ほぼ同じなので詳細は省略）

現れたヘルパーは、天女風の美人女性。彼女と共に、みなで手を繋ぎ移動するイメージを持つ。

着いたところは、明るく白っぽいイメージの老人ホーム風のところ。綺麗な建物で人がたくさんいる。男性だけでなく、おばあさんもいる。

写真のTさん（男性の名前）を感じようと集中する。白髪で髪の長いおじいちゃんが見える。太っていないが、骨格はしっかりしている。半袖の白っぽいシャツを着ている。下は、ふつうのスラックス。年齢はと思うと、70才くらいに感じる。真面目な顔で、あまり表情を変えない。いつも、きちっとした服装をしている。それらの情報が、なんとなく入ってくる。

ここで、スポークスマン（グループの代表者）を決めて写真の人にインタビューするように誘導が入る。スポークスマンをHさんにして、みなで挨拶する。

すると、Tさんがみなに庭に出るように誘導する。暖かな日の当たる気持ちのよい庭があるように感じる。そこのベンチのところで話すことにする。

ここから、うまく質問ができなくなる。誘導ナレーションが質問事項をリードしてくれるのだが、スポークスマンのHさんがスムーズに聞いてくれているイメージが湧かない。そこで、「何々と聞いて」とHさんに催促しながら、Hさんが質問しているイメージをする。そして、Tさんが答えてくれているつもりになる。

だんだんペースが遅くなり、誘導について行けなくなり焦りだす。私の生真面目なところが裏目に出ているのか。そして、ついに我慢できなくなり、気がつくと自分で質問していた。

彼が亡くなったときの状況は、痴呆気味で、かつ咳込んでいる様子。最終的な死因は老衰ということ。

好きだったことは、ちびりちびり日本酒を飲むこと。気に入っている盃がある。

趣味は、囲碁か将棋。

写真提供者との思い出のシーンは、夏祭りで浴衣姿の女の子と一緒にいるところ。その女の子が提供者らしい。

訪問の証拠がほしいとお願いする。新聞が見える。意味がよくわからない。ほかにお気に入りの盃は、茶色の陶器のもの。

提供者へのメッセージをもらう。（内容は、個人的情報につき省略）

さらに、リトリーバルの必要があるかヘルパーに聞いてみる。すると、既にフォーカス27にいるので、必要ないという答えだったので、感謝の気持ちを伝え、習った方法で終了する。

＊

まず、シェアリングの初めにみんなで写真を見ました。少しぼけた映像でしたが、ほぼイメージは合っていました。また、上半身しか写っていませんでしたが、白いシャツを着ていました。これは、結構感動します！　同じグループの半分くらいの人が、かなり一致する人物像を見ていました。

さらに、いくつかの点でみな一致する情報を得てくることができ、ある程度の実感が持てる探索でした。私の報告の中にも、いくつかは明らかに違う点も含まれているのですが、その点は敢えて書かずにおこうと思います。ただ、証拠の品については、思い当たることがないそうです。

もうひとつ、スポークスマンがスムーズに話してくれなかったことについて考えてみたいと思います。前回のパートナーでのリトリーバルでも、同じグループで行なったのですが、本人以外が同じ人をスポークスマンとして指定していました。しかし今回は、シェアしてみるとバラバラでした。

さらに、今回スポークスマンを決めるとき私は迷ってしまったのです。もしかしたら、そういうことが「無口なスポークスマン」を生んでしまったのかもしれません。次回チャンスがあれば、検証の材料にしてみたいと思います。さらに、次回のワークショップ、トレーナーコースで、ブルースにも聞いてみたいと思っています。

亡くなった人は年齢を変える？【エクササイズ体験談】

では次は、2回目のワークショップでの体験を紹介します。

＊

（途中から）ヘルパーを呼ぶ。ヘルパーの姿が捉えられない。光としてしか認識できない。仕方がないのでそのまま進める。ヘルパーに写真の人のところへ連れて行ってくれるようにお願いする。

どこかに着いた感覚がある。写真の人（男性の名前）を感じようとする。太目の男性。にこやかで丸い感じの顔。禿げているようだ。お腹が少し出ている感じがする。

服装は？　と思うと、ズボンにベルト、白いシャツというありきたりの服装の印象。

全体から受けるイメージは、少し鬱な感じの人。

回りの印象を集める。畳の部屋で、胡坐《あぐら》をかき、うちわで扇いでいる。夏なのか？　向こうにも季節はあるのだろうか？　こっちはまだ３月初めだ。

ここで、スポークスマンを立て、自己紹介し質問するよう誘導が入る。私はCさんをスポークスマンにしてインタビューしているつもりになる。

座卓がある。「まあ、座れや」とみなに声をかけてくれる。割と気さくな感じだ。

何があってここに来たかを聞く。病気。胃腸系の疾患。手術もしたような気がする。

ここはどんなところで、なぜここにいるのかを聞くよう誘導が入る。

「自分の家をここに造り住んでいる。時々、ヘルパーの仕事もしている」

生前好きだったことはと聞くと、ビールのジョッキーを持ち、枝豆を食べる姿が見える。仕事のことを聞くと、あまり好きでなかったというイメージが来る。

次に、今の年齢を聞くと、62歳で亡くなったときのままだと言う。

どんな人かもう一度印象を集めると、話好きな大らかな性格で、情が深く涙もろい感じがする。

生前の趣味や特技は、大工仕事、旅行、スポーツなら水泳と感じる。仕事は、店を持っていて、車で配達している様子が見えた。どんな職業かはわからない。

そのほかに、たばこは止めたこと、3人兄弟で男2人だと教えてくれる。

提供者へのメッセージをもらう。

「私は元気だから心配せずに。子どもたちをしっかり育てて。つらい時は、つらいと言うように……」

リトリーバルの必要はないと判断し、ヘルパーと対象者へ感謝の気持ちを伝えて、所定の手順を経て終了する。

＊

ここで、パートナー探索での故人訪問で、検証を行なう際に大切なことについて。

ひとつは、対象者と自分の得てきた情報が合っているかという検証と、さらにグループ内で一致する点がないかという2つのポイントに気を配りつつ行なうことです。

どうしても、提供者の語る対象者の姿に気を取られがちになり、グループとしての一致点を軽視する傾向があります。それを防ぐため、ブルースのワークショップでは時間が許せば、まず初めにグループ内でのシェアを行ない、一致点を見つけたあと、提供者を交えてシェアし対象者との検証をします。

またパートナーでの探索の場合、同じ情報に触れていても、それぞれの解釈の差が加味され、二重にフィルターがかかることになります。ですから、できるだけ自分の知覚した内容と解釈とを区別しておくことが大切です。

この探索の場合、グループ内での対象者の年齢や雰囲気はだいたい一致していました。しかし実際に写真を見ると、写っているのは軍服姿の若い男性でした。亡くなったのも若かったと言います。また、性格も無口でおとなしいということで、一致しません。

そうなると別の人なのかというと、合っている部分も多いのです。ひとつ考えられるのは、死後世界では年齢を変えることができるということです。

普通は、お年を召してなくなった方は、少し若い頃あるいは一番輝いていた頃の年齢で自分を表現していることが多いようです。逆に若くして亡くなった方は、自分の果たせなかった肉体的年輪を刻んだ姿でいることもあると聞きます。

たとえば、以前死後世界でモンロー氏にお会いしたとき、本にあった写真の顔をイメージしたら、

「今はもっと若い姿でいるよ！」と、たしなめられたことがありました。

また、60代で亡くなった女性に会いに行ったら、ヘルパーとして働いていましたが、姿は40代くらいにしか見えません。どうしてかと訊ねると、

「このほうが仕事をしやすいでしょう」と言われました。

逆に10代で亡くなった方に会いに行ったら、20代くらいの素敵な女性の姿になっていたこともあります。

そう思うと、若くして亡くなられた写真の方が、年を取った姿になっていた可能性も無くはありません。しかし、みな、年を取ってから亡くなったように感じていましたし、性格がかなり違うのは説明できないのですが……。

こんな時は、再度訪ねてみて聞いてみるのもよいかもしれませんね。

意図すれば、こんなことも可能？【エクサイズ体験談】

次にご紹介するのは、２００９年春のワークショップに、トレーナーとして参加したときの体験です。この時トレーナーは、グループには参加していなかったので、私はちょっと実験を試みてみました。

「いずれかのグループの写真の人のところへ行き、情報を集め証拠をもらってくる」というアファメーションをし、参加してみました。

＊

（途中から）いくつかのグループが、集合場所に集まっている様子を感じつつ、ある場所に移動すると、２つのグループが集まっているように感じる。

しかし、いつものように映像的には、はっきりとしない知覚で、数名の顔がチラつく気がする程度だ。ひとつのグループに絞り観察していると、現われたヘルパーは、キューピット風の天使のようだ。

やはり自分で探索している時よりもおぼろげな感じで、移動が始まり慌てて付いて行くつもりになる。

着いた先は、バラの花がたくさん咲いている洋風ガーデン。ピンクのミニバラが、見える。そこに、女性が立っている。

「あれ？　外人？　それはないでしょう。いや待てよ。確か参加者の中に海外から参加していた人もいたし、こういうことも有り得るかも……」

私の中で解釈する意識が、能弁に語り出す。これはいけないと、取りあえず意識を女性に戻すよう意図する。

すると、「私、バラが好きなの」という女性の言葉。何か進展を感じるので、このまま進めることにする。

女性の顔がどうしてもはっきりしない。ロングスカートに、エプロンをしてるように見える。そんなに若くはない感じがする。でも、やはり欧米系の女性のイメージ。

バラガーデンを見渡していると、イスと小鳥が見えてくる。すると、グループのメンバーに、お茶を出しているのが目に入る。相変わらず、グループのメンバーははっきりしないが、「あのグループじゃないかしら？」と大体の見当をつける。

グループのスポークスマンはどうも女性のようだ。私は少し離れたところから、彼らの会話を聞いている感覚。直接、彼女には語りかけることができないようだ。参加者たちの邪魔になるのかもしれない。しかし、誘導ナーレーションに沿って、質問の答えが入ってくる。

なぜここにいて、何をしているのかと誘導が入る。

「哀しみを癒すためここにいる。このバラ園（死後世界にある）の管理をしている。バラは、好き！　だって大好きな人との思い出の花だから……、バラに囲まれていると安らぐの」そんな意識が入ってくる。

次は、趣味や特技を訊ねるよう誘導が入る。

「バラ、チェス、ピアノ、クラシック音楽が好き」というイメージが伝わってくる。

今の年齢と、どうしてその姿でいるのかを聞く。

「40代。彼と別れた姿でいたいから」と答えが入る。

次は、提供者との思い出だ。すると、ウェデングドレスの女性が見える。対象者ではない。結婚式の歓びの中に、淋しさも伝わってくる。なぜ？　と思う。「彼にも見せたかった」という言葉を感じる。

ここでまた、私の解釈が始まってしまう。

「彼女は提供者の義理の母で、彼というのは亡くなったご主人ではないか。結婚式は、ご主人亡き後、提供者と自分の息子の式。何かの事情で、死後世界でまだご主人に会えないでいる。だから、この思い出の場所で待っている」

う〜ん、これではあまりにでき過ぎたシナリオだ。そして、誘導のナレーションの声で、解釈するおしゃべりはようやくストップする。

生前、提供者と一緒にしたことで好きだったことは？　と聞いている。

「ショッピング、おしゃべり、お茶（紅茶）を飲むこと……」

次は、提供者が覚えている生前の思い出を訊ねる。

「赤い車によく乗っていた」ある時、一緒に乗っていて、事故に巻き込まれたか、事故を目撃したというイメージが入ってくる。

その人は、どんな性格ですか？　と誘導が入る。見た目は、大らかで笑顔が優しい。でも悲しみを心の奥に抱えていて、ふっと淋しそうな顔をすることがある。そんなことをなんとなく感じ取っていく。

提供者へのメッセージをもらう。「家族を大切にして」と言っている。

ここで、体験が本当だったという証拠をもらうという誘導が入る。私は、これがどうも苦手だ。自分の中では、あまり証拠をほしいと思っていないのかもしれない。でも、がんばってイメージしてみる。彼女の名前は、ナンシーか、ナタリー、そんな感じがする。そして、証拠の品として、指輪を見せてくれる。石の入った古い指輪で、受け継がれたものだと言う。

これくらいで証拠集めは終わりにして、いつもの手順で浄化して戻ってくる。

＊

さて、エクササイズが終わり目を開けると、本当に外人がいるのかとても気になってしまい、シェアリング中の検討をつけたグループの封筒をそっと見に行きました。すると、なんと外人の名前があるではありませんか。「やったぁ！」と逸る気持ちを抑えつつ名前を確認したのですが、ファーストネームがなく、男性か女性か判別できないのです。仕方なく、ドキドキしながら、グループシェアが終わり写真が出て来るのを待つことにしました。

そして、しばらくして出てきた写真は、赤いミニバラの鉢を手に持つ外人の中年女性でした。エプロンはしていませんでしたが、赤いロングスカートをはいていました。私の見た女性は顔がはっきりしなかったのですが、欧米系の女性、ロングスカート、バラなど、いくつかの一致点があり、これは嬉しいヒットです。そのまま、シェアリングを聞いていようかとも思いましたが、邪魔になりそうだったので断念し、その後の全体シェアリングと提供者からの説明を待つことにしました。

提供者の説明では、2年前に海外の某都市で亡くなった友人とのことでした。60代で、ある病気で亡くなられたそうです。趣味は、編み物と絵。明るい性格の人だそうです。グループのみなさんも、女性のところに行っていたそうです。いくつかのヒットもあり、実感ある報告でした。そうそう、指輪を見ていた人もいました。

この後、時間を見計らい、提供者に体験を伝えました。ご主人は、ご存命とのことでした。とすると、大好きな人とは誰のことなのかわからなくなってしまいます。ご主人をバラガーデンで待っているという意味だったのかもしれませんが、確か40代の頃に彼と別れたと言っていたように思います。

また、結婚式には覚えがないとのことでした。赤が好きな人だったので、赤い車に乗っていた可能性はありますが、事故についてはわからないそうです。性格と、一緒にお茶やおしゃべりをした点は合っていました。

検証はともかく、私としては、あのアファメーションで、いずれかの写真の人に辿り着けただけで大成功の実験でした。これもひとつのパートナー探索の方法かもしれませんね。

興味深かったのは、私自身はその対象者の現実の中に参加することができなかった点です。このエクササイズにグループとして参加していないことが影響しているのかもしれません。終始、少し離れたところから観察しているような感じでした。

思いがけず、興味深い体験ができ、みなさんに感謝しています。

第10章
実生活でのパートナー探索

ワークショップに参加している時のように、数人で一斉に同じターゲットのところに探索に行くことは、実生活の中では難しいことです。私もしばらくは、主催してくださる人がいたので、月に一度集まって練習会に参加させてもらうことができましたが、ひとりに負担がかかってしまったりと、なかなか続けるのは難しいことです。

しかし、ワークショップでは、同時に行なうことでほかの参加者が自分を見てくれて、その報告が自分の取った行動と一致したことがきっかけで、一気に知覚が開いていく参加者も少なくありません。

それは、そのことが自分の体験への信頼に結びつくからでしょう。また、自分自身ではあまり体験の実感が持てない参加者が、グループの複数の人に知覚してもらうことで、自分もそこにいたという実感を持つことができたと話してくれたのを記憶しています。きっとその方も、諦めることなく続けていれば、はっきりと知覚できるようになっていることと思います。

とはいえ、いつも私もそうなのですが、自分の体験を信頼することは簡単ではないのです。やはりこれは、自分の想像ではないかという疑いがいつもいつも付いてきます。その気持ちを軽くしてくれるのは、体験を人に聞いてもらうこと。さらに証拠を得ることです。

そのためにできることと、具体的な方法をいくつかご紹介してみようと思います。

何でもすぐに話せるパートナーを持つ

実は、私もワークショップに参加して以来、前述の練習会を始め、いろいろな方とパートナー探索をしたり、悩んでいる友人の力になるためにハイアーセルフガイドに会って過去世を見せてもらったりしました。そんな中で、信じざるを得ないような出来事が次々と起こるようになって来ました。それは、証拠をもらってそれが確かめられたのと同じ効果がありました。

探索を行なうパートナーを持つことも、知覚を広げる大きな手助けになりますが、もうひとつ私の経験から言えることは、身近に体験をシェアリングしたり、話を聞いてもらえる存在を持つことも非常に大切なことです。

私がこのように短期間で、トレーナーを目指せるほどに知覚を開き、さらに自信を持って死後世界の住人たちと関わり合うことができるようになったのには、身近なところに死後世界のスペシャリストといえる方がいたからだろうと思います。

そういう存在を持つことは、上達の早道になるでしょう。たとえば、ブルースの場合、よく名前の出るレベッカがそれに相当するかもしれません。彼が、多くのことを彼女から教えてもらったように、私もそういう存在から多くのことを教えてもらっています。

それと同時に、私にはスピリチュアルな話のできる多くの友人がいます。

月に一度、そういう仲間で集まって思いっきりスピリチュアルな話ができる会を友人と始めて、もう3年半になります。その会は、ブルースとの出会いより古く、私のスピリチュアルの原点ともいえます。

そこに集まる人たちは、みな様々な方面からスピリチュアルなことに興味を持ち、関わりを持つようになった方々です。私を含めてそれぞれが、自分の生活の中にスピリチュアルから得た知識を役立て素敵に変わっていく姿を見るのがとても楽しみですし、それがお互いによい刺激にもなっているようです。

ブルースや私のワークショップに参加される方たちの中には、「やっとこういうことを遠慮なく話せる場所に出合えた」と、嬉しそうに語る方が多いのです。大手書店にも精神世界のコーナーが設けられるようにはなりましたが、まだまだ一般的には死後世界の話は受け入れられにくく、難色を示す方も少なくありません。理解者のいない中で日々の生活を送っているうちに、せっかく開き始めた知覚の扉をまた閉めてしまうことになってしまっては、もったいないことです。

ぜひこれをお読みのあなたも、ひとりぼっちで探索の旅に向かうのでなく、共に学べるパートナーを持つことをお勧めします。それは、お互いに大きな成果を得ることに繋がるでしょう。

実際に探索するには

実生活の中で探索を行なう場合、ワークショップとは違う条件が付いてきます。まず、実際に集まって行なうことはかなりハードルが高いでしょう。そのために、誰かに大きな負担がかかってしまうこともあるかもしれません。それでは長続きしないでしょう。ですから、最初から大きなグループを組むよりは、小規模なパートナーを決めて核になって行ないながら、そこに希望者は参加するという方法が無理なく続くように思います。ブルースの『死後探索4』にある探索記も2〜4人ほどで行なっています。

これらを踏まえて、まず核になるパートナーのメンバーを決めることが先決ではないでしょうか。その上で、集まって行なうか、別々の場所で行なってからメールや電話を使って検証するかを決めていくのがお勧めです。

メンバーが決まったら、探索の日時を決めます。それぞれが別の場所で行なう場合は、一応探索の日時を決めておいたほうがやりやすいでしょう。特に初心者には、そのほうが気持ちの抵抗なく集合できると思います。実際は、ブルースの『死後探索』に出てくる話のように、木曜日の探索を間違えて火曜日に行なってしまっても、ちゃんとアファメーションできていれば、ほかのメンバーとともに非物質世界で集合し、探索に参加することが可能です。

時間の概念自体がこちらの現実世界のものですから、死後世界にはこちらと同じような時間の流れはありません。あるのは、事象の流れとしての順番だけです。ですから、アファメーションで、「何月何日、何時の探索に参加する」と付け加えれば、事前参加も事後参加も可能です。

次に、探索のターゲットと探索項目の詳細を決めて、できれば統一したアファメーションを使ったほうがよいと思います。

さらに、集合場所はどこでもよいのかもしれません。ヘミシンクのあるグループは、東京タワーに集合していると聞いたことがあります。参加者の全員がイメージしやすい場所がよいでしょう。

そして、探索後の検証ですが、メールや電話、あるいは実際に集まっていろいろなパターンがあるでしょう。それぞれに利点と難しい点があるので、参加メンバーの状況に合わせて決めたらよいと思います。その際、大切なことは、それぞれが詳細にメモを取ることと、参加者全員の探索が終わるまで情報をオープンにしないことでしょう。

実際の検証の仕方は、今まで書いてきたことを参照していただけたらと思います。

第11章 何もなしで、なぜ体験できてしまうのか？

ブルースも、元々はヘミシンクのモンロー研究所の卒業生です。

彼の書いた4冊の『死後探索シリーズ』は、ヘミシンクを使用した体験記録が中心です。ただその中にも途中から、歩きながら死後世界とコンタクトしたり、レストランで食事をしながらリトリーバルしたりするシーンが出てきます。

さらに、坂本政道氏も今は、意識を集中するだけでコンタクトすることもできるようになっているようです。

それらは、ヘミシンク熟練者の多くが語っていることであり、つまり、死後世界とのコンタクトに慣れてくれれば、ヘミシンクCDを使わずにコンタクトできる可能性もあるということでしょう。もちろん、そこにも個人差はあるとは思いますが。

また、霊能者と呼ばれる人は、日常的に死後世界とのコンタクトが可能な人たちということになります。その中には、生まれつきコンタクトができた人もいれば、のちに何かのきっかけで能力が開花した人もいると聞きます。

私たちが、ヘミシンクやブルースのメソッドから知覚を開き、日常の中で非物質世界の住人たちとコンタクトが取れるようになったとき、きっと彼らに近い状態になっているのだろうと推測します。

かくいう私も、最近は自分の周りのガイドたちを中心に、特に目を瞑ることなく、かなり手軽にコンタクトすることが可能になってきました。しかし、まだまだその範囲は狭く、アクセスしたことのある存在や、今いる場所や人に縁のある存在がほとんどですし、受け取れる情報にも限界がありますが、徐々にその範囲も広がりつつあるように感じます。

そう考えると、大昔の人間はそれが当たり前だったという気がしてきます。本来、人間に備わっている能力のひとつだったと思えてならないのです。それを何らかの理由で使えないよう封印してしまった。というより、できないことと認識させられてしまっただけなのかもしれないと。その認識を崩すことができれば、誰でも封印を解いて、アクセスすることは可能なのかもしれません。誰にでもできるといえるのは、幽霊を見たこともない私にもできることが何よりの証拠です。

そういう意味で、ヘミシンクはたいへん有効なツールです。ステレオヘッドホンから流れる左右で違う周波数の波長を利用して誘導する方法は、科学的にも説明の付く技術です。とくに瞑想などに抵抗を持つ人たちの知覚を開く導入ツールとしては最適でしょう。この点に、誰もが可能といっても、抵抗なく受け入れられる安心感があります。

一方、ブルースのメソッドは、物質的には全く何も使いません。にもかかわらず、全くの初心者が何の予備知識も持たず、何の修行をすることもなく、いきなり死後探索をすることが可能なプログラムです。

その点では、実際お教えしている今も驚きの連続です。それもかなりの割合でコンタクトできています。本人が信じていない場合もありますが、私の知る限りでは90％以上の方が何らかの体験ができています。

参加者のみなさんに死後探索の体験を持ってもらうために、いくつかの工夫がされています。今後の参加者のために、そのすべてをお話しすることはできませんが、プログラムの組み立て方と、少し長めの講義部分は重要な要素を担っています。とはいえ、催眠術のような洗脳的手法は一切使っていないのでご安心ください。

ただそれだけに、一度開いた知覚能力もワークショップの時だけで、その後全く使うことなく日常のあれこれに気持ちをシフトしてしまうと、あれは自分の想像の世界だったのかもしれないという思いが強くなり、また元の知覚が閉じた状態に戻ってしまうこともあるようです。

スキーによく似ているかもしれません。シーズンの初めは勘を取り戻すのに少し時間がかかりますが、何シーズンも空けてしまうと全く滑れなくなるかといえば、そうでもありません。少し時間をかけて慣らしていけば、昔の勘は戻ってきますよね。同じように、死後世界を知覚する感覚も、一度覚えれば忘れることのない技法だと私は思います。

そしてさらに、いろいろな瞑想法の中でも、より自然に近い手法だと私は感じています。それを行なうには、始めのうちは目を瞑るためのリラックスできる静かな部屋が必要だと感じるでしょう。しかし、少し慣れれば、電車の中など雑踏の中でも座って目を瞑ると案外リラックスできることに気がつきます。

さらにもっと慣れてくれれば、自分なりのリラックススポットを見つけられるかもしれません。たとえば私の場合、お風呂とトイレです。そこで、死後世界とアクセスした状態になり、続きはほかの場所で、簡単な作業をしながら目を開けたままで行なうということも可能になってきました。

もちろん、レポートを書いてしっかり詳細に留めておきたい事柄の場合は、私もひとりで落ち着ける状態のときに時間を取って臨みます。そうでないとメモを取ることもできないですから。

さて話を元に戻しましょう。ブルースのメソッドには、初心者にも安全に体験できるよういくつかのツールが入っています。それらの優れている点を私は日々実感しています。その中の主だったものを少しだけ解説してみたいと思います。

「ヘミシンク」との違い、グラウンディング

その前に、ブルースのメソッドとヘミシンクのとの違いについて触れておこうと思います。以前、ブルースに、

「ヘミシンクは、グラウンディング（現実世界に意識を戻す作業。地面に身体を定着させるイメージ）が必要ですが、ブルースのエクササイズでグラウンディングを必要と感じたことがないのですが、それはどんな違いがあるからでしょうか？」

と質問したことがあります。

その際、ブルースは「あくまでこれは僕個人の考えだけれど」と前置きした上で、こんなふうに説明してくれました。

「ヘミシンクは、意識を死後世界の特定の狭い領域にしっかりフォーカスさせる働きがある。つまり、ほかの意識を薄くするような感じだ。だから、戻ってくるときにグラウンディングをして、意識をこの現世にしっかり呼び戻す必要がある。それに比べると自分の技法は、そこまでしっかりフォーカスしないから戻りやすいといえるだろ

う。ヘミシンクも幾多の経験から、段階的に現世に戻ってくる現在の方法に改良されたんだよ」

なるほど確かに、ヘミシンクのCDには「運転中には聴かないでください」と注意書きがあります。それに比べ、ブルースの技法は、目を開けてメモを取ることはもちろん、慣れてくれば何かしながらでも大丈夫でしょう。途中で、電話や配達の人が来てエクササイズを中断しても、またすぐに元の状態に戻ることが可能です。

ですから、深く体験の中に入りたいときはヘミシンク、もっと手軽に自由に時間と場所を選ばずに行ないたいときはブルースの技法と、使い分けるのもよいかもしれませんね。

ヘルパーの役割

さて、ブルースが特定の死後世界エリアへの案内役として、ヘミシンクの代わりに起用したのが「ヘルパー」と呼ぶ死後世界の存在たちです。

ブルースはわかりやすいように、探索を手伝ってくれる死後世界の存在たちを総称して「ヘルパー」と呼んでいます。

自分のハイアーセルフもモンロー氏も、犬だって、全てヘルパーです。私の体験には、よく犬や猫や鳥がヘルパーとして現れます。蝶が出てきたこともあります。実際は、もう身体を持たない存在たちが、そんな姿で現れてくれるのかもしれません。そして、その姿に重要な意味がある場合もあります。

ブルースのメソッドでは、必ず初めにヘルパーを呼び、目的の場所へ誘導してもらいます。どんなヘルパーがどんなところへ連れて行くか、行なってみないとわからないエクササイズもあります。私にとって彼らは、本当に頼れる存在です。

さらに、体験中のリトリーバルもサポートしてくれます。リトリーバルの対象者のことをよく知っており、どのように説得してどこに連れて行ったらよいのかも熟知しています。というより、元々リトリーバル活動をしている存在たちであり、彼らの働きかけに気づけない対象者たちを、私たち人間が中継ぎとしてサポートし、救出しているともいえるでしょう。

そして、ヘルパーたちは、リトリーバルの対象者たちをサポートするとともに、私たちのこともサポートしてくれます。その場合、リトリーバルに関することであっても、何かお願いしたいことがあれば、こちらからリクエストする必要があります。私たちの体験への不要な介入を回避するため、援助の許可がなければできるだけ手出しをしないというスタンスを彼らは常に保持しています。

私は、よく対象者を掴めないときや、対応に困ったとき、あるいはリトリーバルの必要があるかどうかわからないときなど、遠慮なくヘルパーに「お願い！」と援助を頼んでいます。だからといって、すべてこちらの要求通りサポートしてくれるわけではありません。それが、最終的に私たちのためにならない場合や、何かほかに私たちに告げられない理由がある場合など、お願いしても答えてもらえないこともあるようです。

いずれにせよ、彼らは私たちだけでなくすべての存在に対し、喜んでもらおうとするのでなく、成長に繋がるようなアプローチをしてくれます。そういう意味でも、安心してよいとともに、リトリーバルや探索によって、私たちは多くのことを学ぶ機会を得ることができるでしょう。

そして、ヘルパーたちもまたこのヘルプの活動から何かを学んでいるようです。へルパーの活動をしている理由は様々ですが、その目的には彼ら自身の成長と、人類全体の存在意義を担うというふたつの側面があります。

そして実は、私たちも同じ側面を持っており、だからこそ彼らは私たちを自分と同じように大切に扱ってくれるのでしょう。

しかし、ヘルパーは特別に選ばれた完全無欠な存在というわけではなく、私たち物質界の者と同じく様々な存在がいます。そのほとんどは、私が知る限りフレンドリーな関係を好む気さくな方たちです。ユーモアのセンスを持った方も多いようです。一見恐そうに見えても、怒ったりはしません。私たちの初歩的な話にもちゃんと耳を傾けてくれます。

そして、ブルースの技法で探索を行なう限り、不安を感じるヘルパーに出会ったことはありません。

ただ、自分自身の恐怖心や信念が、不安を感じる存在を創り出したり、仮面を被せて見ていたりする場合があります。そんなときは、愛を投げかけてみるとよいでしょう。それでも、まだ違和感が残っているようなら、去ってくれるよう依頼するか、自分で消してしまっていいでしょう。そうすることで、恐怖の感情を回避することができることをぜひ覚えておいてほしいと思います。

また、たとえそれが自分の思い込みであったとしても、ヘルパーならば決して怒ったりしません。

では、不安を感じるヘルパーとはどんな存在でしょうか？

●信念を強要してくる。
●強制的に何かをさせようと働きかけてくる。
●だましたり、脅したりする。
●取引を持ちかけてくる。

逆に、信頼できるヘルパーとは？

○自分の意思を押し付けてくることはない。
○こちらから願わない限り、こちらのために何かしてくれることはない。
○学びたいことの答えを教えるのではなく、自分で気づける体験へと導いてくれる。
○やりたくないと言ったら尊重してくれる。
○成長を促すために、何かを勧めることはある。

これは、ブルースのワークショップで教えていることです。読んでいて、これは現実の人間関係にも使えると、気づいたのです。

とはいえ、この信頼できるヘルパーの条件を、人間関係においてクリアできる人はなかなかいないのかもしれません。私を含め、ほとんどの人がこの中間に位置するのではないでしょうか。そう考えると、やはりヘルパーを担える存在たちは素敵な方たちだと思うのです。私も少しでも彼らに近づきたいと思う次第です。

愛のエネルギー

ブルースのメソッドの中で、一番素晴らしいと思うのが、この「愛のエネルギー」を使うことです。

ブルースが友人レベッカに教えてもらったのが、「愛と恐れの法則」です。ひと言で言えば、「愛と恐れは同時に存在できない」ということです。これは、ジェラルド・G・ジャンポルスキー氏はじめ多くの人が語っています。

恐れを克服するには愛のエネルギーを使うのが一番効果的なのです。

もちろん現実世界でも使えますが、特に非物質の世界では効果が大きいようです。非物質世界は、想ったことがすぐに具現化する性質を持っているので、恐怖心があるとそれが実体を創って現れてしまいます。そんなとき、愛のエネルギーを恐怖の対象に投げかけると、恐れの創り出したものなら消えてしまいます。または恐怖の創った仮面が消え、元の姿に戻ります。

愛のエネルギーの感じ方や使い方は、ワークショップや本『死後探索マニュアル』で、実際に体験しながら学んでいただけたらと思いますが、簡単にいえば、自分の抱いた愛、人からもらった愛を再体験しながら感じ、それを好きな方法で投射します。

ブルースはこう言います。

「この愛のエネルギーのパワーはすごいんだよ。ほんのちょっとの量でも大きな効果を上げることができるんだ」

さらに、死後世界の高次元のエリアには、「無条件の愛」と呼ばれる強力な愛のエネルギーが満ちています。それを身体に注入した者は、恍惚に似た放心状態になり、涙があふれ出てくるといいます。ブルースは、意識を保つことができなかったと著書の中に書いています。

ブルースのメソッドでは、自分なりの愛のエネルギーを毎回抱きつつ、探索に向かいます。これには、いくつもの効果が期待できます。「愛と恐れの法則」に従って、恐怖心を抱かずに探索に臨むことができるでしょう。また、恐怖を感じる存在に出会ったとしても、愛のエネルギーの投射で対処できます。さらに、このエネルギーに包まれていることで、好ましくない存在を遠ざける働きもあるのだと、ガイドに教えてもらいました。

そして、愛のエネルギーは知覚を開くのを促進してくれます。未知の領域に足を踏み入れ、新しい体験をするための力強い味方なのです。あなたが、愛のエネルギーを友にさえすれば、ただリラックスして安心した気持ちで探索の旅に出ることができるのです。

さらに、愛のエネルギーは現実世界でも使えます。応援したり、力づけたりしたい人をイメージングし、愛のエネルギーを送ってみてください。不思議なことが起こるかもしれません。離れていて会うのが難しい人や、面と向かって伝えるのは照れくさい人などに最適です。もちろん、身近な人に送って、その反応をみても楽しいでしょう。いろいろな使い方を考えてみなさんもぜひ試してみてください。

想像力を呼び水に使う

私が瞑想やヘミシンクを初めて行なった頃、うまくいかなかったひとつの要因が、目を瞑ると出てくる自分の思考を、体験の障害物として次々と消していたことです。瞑想には心を無にする必要があるという思い込みがあり、頭の中に浮かんでくる様々な考えを、これは自分の思考であり知覚の邪魔になると思っていたのです。

さらに、私はイマジネーションの世界で遊ぶのが大好きで、勝手にいろいろなシーンが浮かんで来てしまうことがしばしばありました。ですから、「想像力を知覚の呼び水として使う」と聞いたときは、「わーい！」と、飛び上がって喜びたいくらい嬉しかったのです。

何も見えず、感じず、ずっと待っているよりは、そうしているつもりになって自分で積極的にイメージングしていく。そのうちに、「予期せぬ展開」が自分のイメージの中に紛れ込んでくる。そうしたら、すかさずそれに乗って付いていきます。それで構わないとブルースは、何度も誘導ナレーションの中で言います。

自分で空想しているつもりでも、その中には死後世界からの情報が紛れ込んでいるのです。

最初に感じた「空想の種」ともいえるインスピレーションは、実は死後世界から来ていて、そこから空想を膨らませていることにほとんど気づかず、自分自身ではすべて空想に違いないと感じてしまうものなのです。

たとえば、「特定の亡くなった人の訪問」エクササイズを行なうとき、ほとんどが自分の空想だと思ってシェアリングすると、逆にほとんどが訪ねた人の情報に一致するというようなことはよくあります。

もちろん、自分の想像の部分や、信念や知識の影響がありますから、死後世界の100％を知覚することは不可能だとブルースも言っています。

しかし、逆にアファメーション（次章188ページを参照）して探索エクササイズを行なうとき、100％空想することも不可能なのだと私は確信しています。そこには、必ず死後世界の情報が入り込んでしまうのです。それがなぜなのか、ぜひみなさん自身で探索して確かめてみてほしいと思います。

そんなふうに、イマジネーションと死後世界、さらに現実の事象とは密接な関係を持っているようです。

こんなところに旅行に行きたいとパンフレットを集めて、シミュレーションして楽しんでいたら、次の年の会社の旅行でそこへ行くことになったというような話も聞いたことがあります。これは、願う気持ちが現実を引き寄せたのかもしれません。

また、私にもこんな不思議なことがありました。空想をして遊ぶのは前から好きなことでしたが、その中でもお気に入りの空想というのがあり、時々思い出してはいろいろな肉付けをして楽しんでいました。しかし、あるときそれがなんと現実になって現れてしまったのです。

空想の中での私は、実際よりずっと若い女性で、自分以外の登場人物も舞台になる場所も実在しないものです。ですから、そういう物質的な部分での実現は不可能なことで、願望としてでなく、ただの憧れとして空想の世界だけで楽しんでいました。

現実になったのはシチュエーションではなく、シーンの中身そのものなのです。そのとき感じた私の感情、感覚がほぼそのまま現実の世界に起こってしまったのです。

初めは気づきませんでした。しばらくして、

「この感覚、この気持ちは前に経験があるな。デジャブかな？」と考えていて、はっ

と気づきました。デジャブではなく、それは私の空想の中の出来事をイメージした時と同じ感覚だったのです。今の現実の世界で起こり得る最も空想に近い出来事だったといえるでしょう。

現実が予定されていたから空想することになったのか、空想することで現実を引き寄せたのかはわかりません。

しかし、そんなふうに私たちは、常にイマジネーションと一体になって生きているのかもしれないと、そんなことを思いました。それを前提にすれば、ものの見方、考え方も別な視点に立つことが可能になります。こうして、私のイマジネーションの世界はさらに広がっていきそうです。

シェアリングが信頼を深める

ブルースのワークショップでは、エクササイズを行なうとそのあとに必ず、それぞれの体験をシェアリングする時間を設けます。必ず、ひとり一回は自分の体験を話すチャンスがあります。人数が多いときは、まずグループでシェアリングし、その後さらに全体シェアリングをします。そのために、かなりの時間を割きます。

それがどんなに大切なことか、当初はあまり気づくことができませんでした。ほかの人の体験を聞き、参考にするためにと思っていました。しかし、実際にエクササイズを進めるたび、それは主目的ではないことに気づいていくことになりました。

確かに、ほかの人の体験を聞くことはたいへん学ぶことが多いものです。こんなこともあっていいのだとか、こんな方法があるんだなど、参考になる情報は数多く含まれています。ですから、ただボーと聞いているのではなく、ほかの人の報告もできればば簡単にでもメモしておいたほうが良いでしょう。

では、シェアリングの主目的は何でしょうか？

それは、「聞く」ことより、「話す」ことにあると私は思います。

自分の体験を話す一番大きな効果は、体験を信頼するための手助けになるという点です。人に体験を聞いてもらうだけで、その体験があたかも息を吹き込まれたように現実味を増していくのです。聞いている人はもちろん私の体験を否定したりはしませんが、特に肯定するというほど積極的リアクションを示してくれなくとも、充分にその効果は現れます。

ただ、聞いてもらうだけでいいのです。これは、もしかしたら私だけなのかもしれませんが、不思議な感覚です。ぜひ、みなさんにも観察してみてほしいと思います。

さらに、人に伝えようと思いながら話すことで、情報が整理されていきます。取りあえずメモした体験の繋がりがわかったり、こういう意味があったのかと話しながら気づくことも多いものです。私のワークショップでも、

「あっ！　今、気づいたのですが、こんな意味があるように思います……」と、自分の体験と現実の世界との関連性を報告してくれる参加者が何人もいました。

また、話しているうちに、忘れていた体験の細部を思い出すこともあります。これが、時間が経ってしまっていたら、思い出すのが難しくなっていたかもしれません。終わってすぐシェアすることにこんな効果もあるのです。

そして、これはしばしば起こることですが、体験を聞いていた参加者の方から、

「これはこういう意味ではないでしょうか？」という解釈が入ったりします。あくまでも、聞いている人がそう思うということでしかありませんが、自分で気づけない部分に気づいていくきっかけになるかもしれません。また、トレーナーなど教える側が

発した言葉ではないので、受け入れたくないと思えば拒否することも、気持ちの上で容易にできるでしょう。

もうひとつ、体験がほとんどなかったという人も、どんなふうになかったかを話します。実は、その中に素晴らしい体験が隠れていることもあるのです。その情報のけらの広げ方がわからなかっただけかもしれません。

スポーツが上達するときのように、死後世界を知覚することにも、ちょっとしたコツがあるように思います。それらを具体的にアドバイスしてもらうチャンスになるかもしれません。

また、ブルースのワークショップでは、最初に4～5人のグループでシェアリングします。パートナー探索でなくとも、そのグループの中に共通の体験、あるいは共通のテーマがある場合もあります。あるいは、グループ全員でなくとも、同じテーマの体験を持つことがあります。それは、お互いにとって有意義なシェアになります。

2回目に私が参加したアドバンスコース（自己探索・セルフヒーリングコース）で、そんな出来事がありました。ここでは詳しい内容については書きませんが、そのときのエクササイズのテーマが私とシンクロしていた人がいました。

同じグループの男性が、ヘルパーから「スピリチュアルを極めようとするものは、心や意識のことばかりに重きを置き、物質的に豊かになることを嫌う傾向がある。しかし、それも偏った考えと言えるだろう。もっと、自分の外見にも気を配る必要がある……」というようなことを言われ、カッコよく決めた自分の姿を見せられたというシェアをしてくれました。

そして、私のテーマも「豊かさ」を知るということでした。私自身も外見より中身と思う傾向が強く、おしゃれからも遠のき久しくなります。ある種、外見を飾る者を軽蔑する、偏見ともいえる気持ちも抱いていたようです。ある過去世を見せられ、そういわれて初めてそのことにはっきり気づくことができました。彼のシェアは駄目押しのように、私の心に刻まれました。

実は、彼と同じグループになったのも偶然ではありませんでした。ワークショップでは、席が決まっていないので、その日その日で、早く来た人から好きなところに座ります。私は、なぜか毎日会場に入ると「今日はこの人の隣」とひらめく人がいて、その人とは一日の中で「そういうことね！」と納得できる関わり合いがありました。そんなふうに、その日は彼の隣に席を取ったのでした。そして、このような形で関わりを持つことになったわけです。

そのように、いろいろと有益なシェアリングではありますが、ワークショップ以外ではなかなか実行は難しいことです。そんなとき、前述したように実際の現実的パートナーを持ち、お互いにシェアし合える関係を築いておくことは本当に大切だと思います。私自身、そういう友人がいたことが、ここまで来ることができた大きな要因であることは確かな事実です。

もし、そういう友人を近くに持てないなら、ブログに書いて不特定多数の人に読んでもらったり、メールでやり取りできる仲間をつくるなど、工夫してほしいと思います。ワークショップも、そういう友人をつくるためにぜひ活用していただきたいと思います。

第12章

「意図を定める感覚」と「アファメーション」の言葉

前章の「何もなしで、なぜ体験できてしまうのか?」にも通じることですが、この「意図を定める感覚」と「アファメーション」の言葉は、適切な体験を誘導してくれる有効なツールです。

詳しくは、『死後探索マニュアル』をお読みいただけたらと思いますが、私には、このふたつを省略した体験など考えられないですし、また、死後探索以外にも日常の中でも使えるたいへん強力なツールだと認識しています。

そして私の知る限りでは、この「意図を定める感覚」をはっきり定義し位置付けているのは、ブルースだけだと思います。また、ブルースのワークショップのエクササイズの中で一番難しいのが、この「意図を定める感覚」を掴むエクササイズだともいわれています。しかし、ぜひみなさんもこの感覚を自分のものにしてほしいと思います。これを知っているのといないのとでは、明らかにといっても過言ではないくらい体験に差が出てくるからです。

さらに、「アファメーション」についてはご存じの方も多いことと思います。ほかの瞑想などでもよく使われています。簡単にいえば「肯定的に宣言する言葉」です。

通常は自分に対して宣言する言葉として知られています。たとえば、「私は美しい演奏ができる」「私には病気を克服する力がある」など、肯定的な言葉を自分に発することで、意識を変え状況を好転させる働きがあります。みなさんも、試合の前などに「絶対勝つ」などと何度も唱えてみたりしたことがあるのではないでしょうか。

元々はそんなふうに使うものだったのかもしれませんが、エクササイズのときは自分に向かってではなく、もっと大きな何かに向かって発する感覚で宣言します。私はいつも、死後世界に願いを叶えるエリアがあるとイメージし、そこにいる存在たちに向かって言い放つ感覚で行なっています。

エクササイズの初めのところでまず、そのエクササイズ全体のアファメーションを言いますが、エクササイズの途中でも、その場にふさわしい言葉をアファメーションし、より深い体験に誘ってもらうことが可能です。

たとえば、どうしても証拠をしっかりもらいたいと思っているなら、証拠をもらうシーンのところで「私は、はっきり検証できる証拠をもらう」と宣言してみるとよいでしょう。いろいろな活用法があるでしょうから、ぜひみなさん、工夫していただけたらと思います。

レベッカの言う「意図を定める感覚」

「意図を定める感覚」を、ブルースに教えてくれたのもレベッカだそうです。

彼女は、ブルースに「意図を定める感覚」を説明するのに「つぼみが咲き始めそうな感覚」と言ったそうです。それは、自分の頭のてっぺんに花のつぼみがあり、それが開いて美しい花を咲かせる瞬間の感覚だそうです。

みなさん、なんとなくわかりますか？

これはぜひ、目を瞑って思い浮かべながら、その感覚を自分の五感をフルに使って捉えてほしいと思います。その場合は、これが正解というのはありません。みなそれぞれ感じ方は違っていていいのですから。

ブルースは、それが思い浮かべられずに、「指曲げエクササイズ」というちょっと変わったエクササイズを何週間も毎日続けてようやくその感覚を掴んだそうです。

少しだけ私なりに説明すると、何かをすると決めて準備してそれを行なうとき、肉体が動きだすより一瞬早く、意識がそれを行ないます。意識エネルギーが動きだすといったほうがわかるでしょうか。エネルギーを溜めて溜めて、解き放つときの解放感と期待感、躍動感、それらが入り混じって同じ方向に向かって動きだす寸前の感覚です。言葉にすると、「動きだすことへの歓びと緊張と期待の気持ち」「さあ、行くよ！」という感覚です。

これらを発するとき、慣れてくればそれを身体でも感じることができるようになります。身体のどこかが微妙に反応します。その感覚を覚えて再現できれば、あなたは「意図を定める感覚」をマスターしたといえるでしょう。

なぜこの「意図を定める感覚」が、アファメーションをより強力なものにするかについて、ブルースは「意図を定める意識領域に自分の意識をシフトするからだ」と説明しています。

そしてさらに、「意図を定める感覚」を長く維持することで、そのすぐ近くにある「純粋な疑いのない意図の領域」にシフトすることも可能だろうと言っています。この領域に意識をシフトすることができれば、願いを表明するだけでどんなことも可能になるのだそうです。

何の根拠もないのに、明日が来ることと同じようにそれが必ず実現すると思えるとき、もしかしたらあなたも「純粋な疑いのない意図の領域」に、意識をシフトしているのかもしれません。きっと、それを達成したとき周りの人々は「奇蹟が起きた」と言うのでしょう。

さて、「意図を定める感覚」に話を戻しますが、私の感覚では、非物質世界の存在たちに向かって発する意図をただ何となく送るのではなく、それ専用の受付を通して送る感覚です。現実的なものに置き換えると、たとえば美容院に予約を入れて行くのと、突然、時間が空いたからとふらっと行くときの対応の違いのようなものを感じます。

つまり、事前に「よろしく」と声をかけておくような効果があるのではないでしょうか。それによって、私たちの意図を受け止めた存在たちは、その内容にふさわしい準備を始めます。もちろん、彼らは「人」のような存在ばかりではないのですが、意識を持つ存在という意味では、同じような扱いをしても問題はないと思います。

そんなふうに、「意図を定める感覚」を持ちながら行なうアファメーションは、現実化しやすい、そして現実化までの時間が短くなるのではないかと思います。これはあくまでも、自論ですから、みなさんはどのように感じるか、ぜひそこも探索してみてほしいと思います。

指曲げエクササイズは、ちょっと……

私は、ブルースが大好きです。そして、彼の感性をとても信頼しています。また、ブルースのメソッドの素晴らしさを深く理解しているひとりだと自負しています。

ただ一点だけ「指曲げエクササイズ」はちょっと難しいと感じています。

「意図を定める感覚」を掴むためのエクササイズとして、『死後探索マニュアル』にはこの「指曲げエクササイズ」が載っています。私が参加したワークショップでは、そのあとの解説の部分に載っている「赤信号で止まった車を発進させるエクササイズ」も行ないました。

そして、先日のトレーナーコースの際、難しい旨の話をしたら、指曲げ以外のエクササイズを行なってもよいということでした。そんな話をしたすぐ後に行なった前回のワークショップでは、ついにブルース自身も話をしただけで、「指曲げエクササイズ」は行ないませんでした。

ブルースにとっては、とても思い入れの深いエクササイズなのだろうと思います。何だか悪いことを言ってしまったと思いつつも、自分で教えるときはやはりできるだけ多くの人に、エクササイズ中に「意図を定める感覚」をマスターしてほしいと思う気持ちから、私はいろいろ工夫をして行なっています。

車の発進のエクササイズとともに、誘導しながら事前に考えてもらった自分なりの方法で行なってみてもらったりしています。そういう中で、「わかった！」という歓声も耳にすることがあります。そんなときは、私も歓びのお裾分けをもらいます。

そんなふうにこのエクササイズだけは、少し違ったタイプのものです。ブルース同様、自分でこれだと掴めるまで、面倒がらずにぜひ何度も行なってみてほしいと思います。それだけの価値のあることですから。

「アファメーション」の言葉で誘導されちゃう

そして、体験の内容を左右する大きな要素が「アファメーションの言葉」です。大切な文章ですから、ぜひエクササイズで使うときも、事前に体験を綴るノートなどに書き出しておくことをお勧めします。

作成上の注意点については『死後探索マニュアル』に書かれていますし、私のブログ『幸せへのスピリチュアル・メッセージ』でも「未来を創る」シリーズで詳しく書いていますので、ここでは詳細は省きますが、明確な現在形肯定文で作ることが基本です。

そして、エクササイズで使う場合、たとえばリトリーバルに「自分の過去世の」と付け加えれば、そのような体験が期待できます。

ただ、いくつかの理由で望んだものとは違う体験に誘われることもあります。そういう要素がなければ、私の場合は驚くほどピンポイント体験もこのアファメーションの言葉で誘導してもらうことが可能です。

たとえば、前述した「無の世界」のリトリーバル探索のあと、その世界がどのようにしてできたのか、彼らは生前どのような人々だったのかを、後日アファメーションして見せてもらいました。

あるいは、リトリーバルで訪ねたひとつの過去世を、ほかの登場人物の人生として別の角度からもう一度見せてもらうことも可能です。リトリーバルした人物の奥さんが自分の過去世だと感じたりすれば、誰しもそれを見てみたいと思うでしょう。

指定できるのは探索のターゲットだけでなく、様々な使い方ができます。「ヘルパーや高次の存在たちの支援を得る」とアファメーションすれば、強力にサポートしてくれるでしょうし、「苦しい思いはせずに行なう」と入れれば、感情を強く感じることなく体験をすることができるでしょう。また「速やかに解決する」と入れれば、そのようになるでしょう。さらに「すべてのものに最高の結果をもたらす」と付け加えれば、大船に乗った気持ちで探索に出ることができるかもしれません。
ただ、ひとつ注意してもらいたいのが、せっかく作ったアファメーションも、人真似だったり、言葉だけを不必要に並べ立てたものでは、効果が薄いかもしれません。それはなぜかというと、そこに気持ちが伴わないからです。

非物質の存在たちがアファメーションを受け取るとき、言葉だけを受け取るわけではないのだと、私は多くの体験の中から学びました。相反する感情やイメージを持っていたり、矛盾する希望を心で抱いていたりすると、体験自体も混乱を来してしまいます。ですからみなさんには、自分でアファメーションをするときは、自分の気持ちを込めやすい言葉に替えてよいのだとアドバイスしています。神の前で誓うようなかしこまった言い方でなくても大丈夫です。

共通の過去世【体験談】

とはいっても、アファメーションの中に多くの要素が入っている場合、いろいろなことが起きてきます。ある友人と行なったパートナー探索での体験をお話ししましょう。

ブルースのワークショップで知り合ったある女性と、ふたりの共通の過去世を見てみようということになって、友人がこんなアファメーションを考えてくれました。

「私はこの探索で、私と○○さんに共通する最も強い過去世を見せてもらい、この経験が本当であるという証拠と後でシェアするための共通の情報を受け取り、お互いに最高の結果をもたらす」

このアファメーションで、お互いに都合のよい時に探索し、両方が探索記録を書き終えた段階で、メールで情報を交換しました。

その結果、訪ねた過去世は全く別々のものでした。友人は昔の日本の過去世で、彼女は男性。私は古いヨーロッパの過去世でダンサーで、友人は店のバーテンでした。特に共通する点もなく、ちょっとがっかりです。

でも、それぞれお互いにとって大きな意味を持つ過去世ではありました。現実の自分にリンクする部分があり、なるほどと思うことがあるのです。私にとっては、以前見たある過去世の続きで、結構衝撃の展開がありました。

その後、彼女にお会いした時に気になっていたあることを聞きました。アファメーションの中の「最も強い過去世」をどう解釈していたかということです。私は「ふたりの接触が最も強い過去世」という解釈をしており、友人は「現世への影響が最も強い過去世」と解釈していたようなのです。

とすると、理解ができます。私の見た過去世についてガイドに、ほかにも共通の過去世はあるかと聞いたら、

「もちろんあるよ。こんなに長く時を過ごしたものはないにしても。ふたりのハーモニーが、店を繁盛させた。気持ちが通じ合う仲、わかり合える仲、信頼できる仲だったよね。そんな関係の過去世がほかにもある」という答えでした。そして友人にとってもその過去世は、現世への課題を秘めた、今知っておいたほうがよいものだったようです。

さらにしつこい私は、友人のハイアーセルフガイドを通じて友人の見た過去世を見せてもらいました。友人の言っていた断片的な印象がほぼパーフェクトに繋がりを持ったその過去世のドラマは、とても私が想像して創り上げられるものではないだろうと思いました。その中で、友人がたぶん私ではないかと言っていた母親がどうして

も私とは思えないのです。誰なのかと必死で訊ねると、友人の兄弟か姉妹と感じました。そのことを友人に話すと、なんと彼女のお姉さんは私と同じ名前（ゆうこ）だと言うのです。不思議ではありますが、妙に納得できる話です。

いろいろなことを学ぶことができ、いずれにせよ「最高の結果をもたらす」は、果たされたのかもしれません。

こんなふうに、いろいろな形で探索するのも楽しいものです。

第13章
準備プロセスの効用

ブルースのエクササイズの最初には、必ずこの「準備プロセス」と呼ぶエネルギーワークを行ないます。詳しくは『死後探索マニュアル』をお読みいただくか、ワークショップにご参加いただきたいのですが、簡単にいえば、リラックスしゆっくりした呼吸を行ないながら、非物質なエネルギーを身体に取り込み、身体を包み込むようにエネルギーの層を作ります。さらに自分の思い出を使って愛のエネルギーを感じ、膨らませます。

この一連のワークをマスターするために、ワークショップではほぼ一日を要しますが、慣れてくれば2～3分でできるようになります。もっと熟練すれば、最後の愛のエネルギーをイメージするだけでその状態になれるでしょう。

私は「準備プロセス」だけでも、充分、ブルースのメソッドを学んだ甲斐があると思えるくらい素晴らしいものだと思っています。

ひとつには、この「準備プロセス」だけで知覚が開いていく人がいることです。私のワークショップの参加者にもいました。そして私には、そのほかにも不思議なことが起こっています。

エネルギーは流しっぱなし

ある質問者の「エネルギーは、エクササイズを行なうときにイメージすればよいのか？」という質問に、ブルースは「僕は、エネルギーをストップするよう言ったことはないよ」と答えていました。

エネルギーは、常に流したままでいて、さらにエクササイズのときはそれをチャージするという位置付けで行なえばよいと教えてもらいました。

準備プロセスのようなエネルギーワークは普通、瞑想やエクササイズのとき意識して行なうものです。そして、エクササイズが終わると自然にそれを止めてしまうか、忘れてしまうことが多いのではないでしょうか。

そうではなくて、３６５日、24時間ずっとエネルギーを流しておくようアファメーションし、エクササイズのみならず、思い出したときチャージを行なうようにしたらいいことがあるのではと思い、そして何より気持ちがよいので、さっそく実行することにしました。

たとえば私がよく行なっている場所は、電車の中です。私は毎日通勤する身ではないのですが、電車に乗って座れたときは、まず目を瞑り「準備プロセス」を行ないます。目を瞑って行なうと本当に気持ちがよく、心も身体もリフレッシュします。

電車は、目を瞑るのに絶好の場所です。そんなときに、ガイドからのメッセージが入ることもよくあります。あわてて、携帯に言葉を打ち込んだりします。そこまでいかなくても、ガイドとのたわいのない会話が始まったりします。

さらに、普段も何かあるとよく愛のエネルギーを感じるようにしています。そうすると、とても落ち着きますし、自分にとってよい方向の展開に変わっていくように思えてなりません。

常にこの「準備プロセス」の状態でいることは、きっとほかにもたくさんの効用があるに違いないのです。次に紹介するのが、私の身に起きた準備プロセスの効用としか思えない素晴らしい事実です。

2年以上、風邪をひいていない！

以前から、特に健康に問題があったわけではありません。それでも毎年、年に何回かは風邪をひいていました。熱が出ることはそれほど多くはありませんが、鼻水が一日中出ていたり、喉が腫れたり、せきが続いたりという軽い風邪は定期的といってもよいくらいでした。

それが、このブルースのワークショップに出て以来、一度も風邪をひいていないのです。たまに、喉がおかしいと感じることはあります。そんなときも、うがいなどをしてエネルギーをチャージし、さらに眠っているあいだに非物質的に治療してもらうようにアファメーションして眠ると、朝には治っています。

これは、私には新鮮な驚きです。四十数年生きて来て、風邪をひかない年はなかったのですから。それだけでも、幸せなことです。

さらに、睡眠時間が少なくてもバテることなくパワフルに活動できます。そういう人はほかにもたくさんいることと思いますが、自分の中でエネルギーの値が変化しているのが実感できるのです。疲れても、先ほどと同じようにエネルギーチャージをし、疲れが取れるようアファメーションすれば、次の日の朝は元気になっています。全体の睡眠時間も以前より少なくても大丈夫になりました。

そして先日、十年近くサボっていた健康診断を受けてみました。がん検診、心電図や血液検査も行ないましたが、すべて良好、花マルと言われました。通常より数値が高いのが善玉コレステロールで、低いのが悪玉コレステロールという説明でした。ほかはどれも規定内の問題なしの数値でした。医学的にも健康のお墨付きをもらって、ますます気持ちは元気一杯です。

これは内緒の話ですが、私の夢は５００歳まで生きることです。何をバカなとみなさんお思いでしょうが、肉体のメンテナンスができるようになれば不可能でもないかもしれません。だから、私は秘かに少しずつ周りに気づかれない程度に、若返っていくようにアファメーションしています。これは、スピリチュアル的アンチエイジングかもしれません。みなさんもいかがでしょうか?

それはさておき、これから百年後の自分の姿を、やけにリアルに見ることがあるのです。もちろん、想像だといってしまえばそれまでですが、その感覚は以前ビジョンを見せられ、現実化したときとよく似ているのです。だからもしかしたら……、などと考えていると、とても楽しくなってきます。

腹式呼吸になっていた

先日、チャクラコーディネーターというお仕事をしている友人のミニ・セミナーに出席し、呼吸の話になりました。

「みなさん、1分間、自分の呼吸数を測ってみてください」と言われ、時計を見ながら回数を数えてみました。ぜひ、みなさんもこの先を読まずにやってみてください。

何回でしたか？　吸って吐いてで、1回ですよ。

私は、そのとき9回でした。参加者は10名ほどでしたが、ほとんどの方が20回前後でした。私のほかにひとり、ヨガをやっている人が8回だったと思います。友人が言うには、普通の人は20回前後で、10回以下の人は日頃から腹式呼吸が身に付いている人だそうです。友人は、8回だそうです。

腹式呼吸と聞き、これも驚きでした。それまで、自分で腹式呼吸をしている意識はまったくなかったのです。というより、自覚しているかぎり胸呼吸だったはずです。以前、腹式呼吸にチャレンジし、挫折した覚えがあります。そう言われて、自分の呼吸に注意をしてみると、確かに以前の呼吸と違っています。胸はほとんど動いていません。逆に、1分間に20回のペースで呼吸しようとすると苦しいのです。

そして、思い出しました。ブルースのワークショップに初めて参加したとき、まずリラックス呼吸をし、6拍で吸って6拍で吐くのが苦しくてできなかったことを。目を瞑っていつもよりゆっくり呼吸をするのですが、6拍はきついのです。私だけでなく、そういう人は結構いました。それが、今やってみると余裕で6拍の呼吸ができます。

いつのまにやら、気づかぬうちに腹式呼吸になっていたのです。

思い当たることといえば、やはりエクササイズのゆっくりした呼吸以外にありません。探索エクササイズを行なうときも、ちょっとエネルギーワークを行なうときも、リラックスするために意識的にゆっくりとした呼吸を行なっていましたから。

みなさんもご存知と思いますが、腹式呼吸は健康にも精神的にも良いそうです。ですから、腹式呼吸の練習も兼ねて、準備プロセスを毎日行なうことをお勧めします。

第14章
信念体系クラッシュは意識の進化を促す

死後探索を行なっていく上で、必ずといってよいくらい体験するのが「信念体系クラッシュ」です。

簡単にいってしまえば、今まで自分の培ってきた信念の一部あるいは、かなりの部分が崩壊することです。しかし、これは歓迎されるべきことだと私は強く思います。このことを知っているのと知らないのとでは、明らかにその後の成長の度合いが違ってきます。ブルースから教えてもらったレクチャーの中でも、特に重要なことのひとつです。

人は生まれてから今に至るまでに、様々な信念を形成して生きています。親や先祖から受け継いだ信念、あるいは所属する社会が持つ信念も、心の基準として形成されていきます。また、何かの経験に基づき学習し、形成された信念もあるでしょう。

それらは、生きていくために必要なことだったかもしれません。

しかし、さらに成長しようと思うとき、そういった信念のひとつが邪魔をし、あなたが新たなことに挑戦することを阻害しているかもしれません。私も以前は多くの信念を持っていました。それが知性の証しのようにも思っていました。

しかしそうではないことに、最近、気づかされたのです。役割を終えた信念や、初めから必要なかった信念を手放すことで、人は自由になれ、大きく広がることができるようになるのだと、ガイドたちを通じて学ばせてもらいました。

そこには、穏やかに広がる幸せがあり、すべてのことを「あってよいもの」と思える太陽や神にも繋がる境地があります。

人を責めることも、自分を責めることもやめたとき、水が水蒸気になるように、自分の意識が薄くそっと広がっていくのを感じます。そうして、ある人の心の奥底にそれが届けばその人は変わっていきます。また、傍《そば》にいるだけでその人を包み、心地よい気持ちに誘うことができるかもしれません。

そんなことをふと思うとき、意識の進化とは、自分を縛る信念を手放し解放されていく過程にあるのかもしれないと感じます。決して、ひとつの真理を悟り、高みに上り詰め、私が正しいと説くことではないのだと、ガイドたちもいつも言います。

進化した意識は、いつも謙虚さを忘れません。ひとつの真理の先には次の真理があり、自分がいかに知らないかを知っているからです。

ソクラティスの言葉にも、同じような言葉があるのだと、受験勉強中の娘が「お母さんがいつも言っていることと同じだよ」と教えてくれました。そんなとき、私は大いなる歓びに包まれます。

ブルースも言います。「グル（教祖）はいらない」と。ブルースは本当に謙虚な人です。また、深い愛を感じます。だからこそ私は彼を尊敬し、彼のようになりたいと会うたび思います。そんなとき、ちっぽけな私にも何か役に立つことができるかもしれないと思えてくるのです。

信念を手放し、あなたがより大きく広くなれるよう、ぜひ「信念体系クラッシュ」を積極的に受け入れてほしいなと思います。

自分の信念と相反する出来事

「信念体系クラッシュ」を効率よく起こすには、自分の信念と相反する出来事を現実的に体験するのが一番の早道です。

たぶんみなさんも、そういう経験があるのではないでしょうか?

とてもショッキングな出来事。たとえば、会社の倒産、大切な人との別離、事故、天災などは嬉しい経験ではないのですが、実はそういう捉え方をすれば、自分を変えるチャンスでもあるのです。

私も前述した10代の失恋のとき、一種の「信念体系クラッシュ」の状態だったのだろうと思います。絶対に自分はその人と結婚すると直感していただけに、それが叶わないと思ったとき、自分の中で何かがガラガラ音を立てて崩れていくような感覚を覚えました。

何をしていても自分がもう自分でないような、ここで人生が終わってしまったような喪失感と空虚感、悲しくて涙がこんなに出るものかと思うほどに溢れ、この悲しみが終わることはないのではないかという恐怖、自分への後悔と叱責、自分が切り離されたかのような分離感、そして何もしたくない虚脱感と鬱状態……。

それらの症状は、ブルースの説明してくれた「信念体系クラッシュ」とぴったり符合します。それは、私を変える目的でセッティングされたものではなかったかもしれません。だとしても、もしそういう捉え方と対処法を知っていれば、もっとポジティブな立ち直り方ができたかもしれなかったと思います。

私は、ただ時が傷を癒してくれるのを涙とともにじっと待っていただけでした。お陰で元気を取り戻すのに、半年以上かかってしまいましたが。

「信念体系クラッシュ」は、知覚が開いていく過程でも体験します。非物質な世界を知覚してそれを受け入れること自体が、ある意味、今ある信念を手放さないと不可能なことだともいえます。私は、その小さな信念クラッシュを「プチクラッシュ」と呼んでいます。プチクラッシュを繰り返しながら、段階的に大きな信念を手放していくのもよいでしょう。

しかしブルースは、衝撃的な体験から「一気に」クラッシュしていく手法が好きだと言い、ちょっと過激な「クラッシュ＆バーン」というエクササイズを自己探索コースで行なっています。「信念と相反する体験から、一気に壊して燃やしてしまえ！」という名前のままのエクササイズです。穏やかなブルースにも、そんな激しい部分があったのかと意外な一面を知ったような気がしました。

自己探索コースでは頻繁に見られる「信念体系クラッシュ」も、ときには1回目のリトリーバルで起きてしまうこともあります。そのときに、自分はおかしくなってしまったのではないかと思わずに、「信念体系クラッシュ」のことをぜひ思い出してほしいと思います。

さらに、それは現実生活の中でもいえることで、その対処法を知ることはたいへん有効だと思うのです。

アイデンティティの崩壊は新しい自分の始まり

「信念体系クラッシュ」が起こったとき、アイデンティティも崩壊します。だから、自分が自分でないような気がしてしまいます。今までと同じ自分では、クラッシュの原因となった出来事を受け入れることはできないのです。

信念が壊れて心に空いた穴は、適切な対処をすれば、ほどなくふさがっていきます。

そのとき、私たちは新しいアイデンティティを持つ自分に変わっています。ですから、何も知らない友人に、「感じが変わった」と言われるかもしれません。しかしそれは、歓迎されるべきことだと思います。何かを乗り越えたとき、ひと回りその人が大きくなったように感じるのと同様に、意識が広がり、包容力を持ったのかもしれません。

私の周りには、リトリーバルや死後探索を体験していくうちに、そんなふうに変わっていった人がたくさんいます。彼らは何かを発見して興奮する子どものように、きらきらと輝きだします。そんなふうに私には見えるのです。

そして、実生活でも素晴らしい変化をもたらしていくのです。そんな姿を見ていると、私も幸せな気持ちになれます。

適切な対処法

ここで、ブルースに教えてもらった対処法をご紹介しておきます。

「信念体系クラッシュ」が起きると、不安でとても頼りない気持ちになります。

そのとき、まず一番大切なことは「これが信念体系クラッシュだと認識すること」です。自分の気持ちがいつもと違う不安定な状態になったとき、もしかしたらこれは信念体系クラッシュかもしれないと考えてみることです。

私の周りでも、なんだか変だというので「信念体系クラッシュじゃないの？」と問いかけて初めて「あっ！」と気づくことがしばしばあります。ちょっと考えてみないとわからないことが結構あるのです。

まず、その原因となるような、自分の信念に相反するような出来事がなかったか思い起こしてみます。それがわかれば、まず一安心です。

「信念体系クラッシュ」は、長くとも数週間、短ければ数時間で改善されます。ですから、永遠にその状態が続くように感じる恐怖から離れることができます。

そんなときは、まず自分を少し気遣ってあげてください。さらにストレスがかからないように、状況が許すなら休息を取るようにしてください。

そして、ブルースが教えてくれた効果的な方法が、しばらくやっていなかった自分の好きなこと、楽しめることを行なうことです。しばらくやっていなかったというところが大切です。懐かしい意識の部分にフォーカスすることで、崩壊した古い信念体系に意識が向かないようにします。それが、崩壊したあとに残っている自己を基盤とし、新しいアイデンティティを受け入れやすくしてくれます。

また、私の友人はやたらと眠くなったそうです。眠っているあいだに意識の統合がなされることもあるのかもしれません。

「信念体系クラッシュ」は、必ずしばらくすれば治まります。間違っても、慌てて精神科の門をたたかないようにしてくださいね。その前にぜひ私に連絡してくださいね。

第15章
「自己探索・セルフヒーリング」コース

このように、リトリーバルとともに、自分を探求し自己改革していくのが、「自己探索・セルフヒーリングコース」です。

私はこのコースを受けたことで、トレーナーになりたいと、ブルースのメソッドをもっともっと広めたいと強く思いました。それほどインパクトの強いコースでした。

このコースには、大きく分けて2つの要素が含まれています。

1つは、自己発見、自己探求、自己ヒーリングという、自分を深く探索してさらに改革していく要素です。

もう1つは、死後世界に自分の場所を創り、深く死後世界を探索する足掛かりを創るという側面です。この2つは、様々なエクササイズの中で折り重なるように進んでいきます。

このコースは、エクササイズ中心に進んでいきます。エクササイズ後は必ずシェアリングを行ない、体験を深めていきます。それがとても大切なことです。

日本で初めて行なわれた！

このコースは、ドイツのサイコセラピスト集団の協力を得て、プログラムされたそうです。セラピーにも、リトリーバルの手法を取り入れるとかなり効果があり、その経験から考案されたコースです。

そして、このコースが初めて正式に行なわれたのは、私も参加した2007年の夏のワークショップだと聞いています。初めての地として日本が選ばれたことは、たいへん嬉しいことです。

ブルースはいつも「日本のみなさんは、死後探索の準備が出来ている」と言ってくれますが、この初めてのコースでも手応えがあったのだろうと思います。素晴らしい体験のシェアがたくさんありました。

その後、何回か海外でも行なわれています。

このコースは、まだ私たちは教えることを許可されていないのですが、私にとっては何より興味深い要素がたくさん含まれています。早く、教えられるようになりたいと願っています。

プチクラッシュ続出

このコースには、直接意識の進化を促すような要素が入っているので「信念体系クラッシュ」を伴うことが多いのも事実です。ワークショップ中、あちらこちらで「プチクラッシュ」が起こっていました。

それを繰り返しながら、知覚能力はアップしていきます。死後探索を進めていく上で必要不可欠なことともいえるでしょう。

知覚能力の飛躍的アップを狙うなら、大きなクラッシュを意図するのが早道になります。でも、それは抵抗があるという人は、穏やかなクラッシュを意図すれば、自分でもクラッシュしていたことに気づかないほど、自然に通り過ぎることも可能だと私は思います。

いずれにしても、私が知るかぎりでは、それぞれのハイアーセルフガイドたちは、私たちの能力を私たち以上に熟知しています。大きなクラッシュが来たとしても、彼らがサポートしているかぎりそれを乗り越える力があるということです。

でも、もし苦しくてならないときは、遠慮なくガイドにＳＯＳを出すことをお勧めします。人間の経験から久しく遠ざかっているガイドが付いている場合、肉体の持つ痛みや苦しみの感覚を忘れてしまっていることがあるのです。

私もそういう経験があります。悲しみで胸が痛いほどのとき、ガイドに「我慢できないくらい痛い」と告げたら、「そうなの？」と言うようなポカンとした返事が来ました。

「あなたたち肉体のないものにはわからない感覚かもしれないけれど、悲しみや苦しみで胸に締めつけられるような痛みを感じたりするのよ！」と必死で訴えたら、

「気づいてあげられなくてごめん……」と言ってくれました。まあそのときは痛みの経験が必要だったので、取り除いてはもらえなかったのですが。でも、必ず何かしら力になってくれるはずです。

「プチクラッシュ」は、大概一晩寝れば治ってしまうくらいのものです。ですから、その対処法を知っているあなたは、何も心配する必要はないでしょう。安心して死後探索に臨んでほしいと思います。

大きな可能性を秘めている

これら「信念体系クラッシュ」を伴いながらの体験は、自分の忘れていた側面を解放したり、取り戻したりする効果もあります。これらは、「自己探索・セルフヒーリングコース」の主目的でもあります。

不要になった側面は愛で癒して解放し、置き去りにされたり封印された側面は見つけ出し、愛で癒し、そして自分に取り戻します。それらをリトリーバルの技法を取り入れながら行なうのです。

解放し、癒し、そして取り戻すことは、自己改革セミナーやヒーリングセラピーなどでも行なわれていますが、リトリーバルの手法を取り入れることで、速く効率よく進み、さらに自分では覚えていない記憶や過去世で作られた側面まで捉えることが可能になります。

だからといって、全ての悩みがそれで解決できるわけではありませんが、何か解決の糸口を見つけることはできるでしょう。ハイアーセルフガイドたちにサポートしてもらうことで、それが可能になります。

自分については、ほぼこのプログラムはやり尽くしてしまい、だからこそ今は、ハイアーセルフとともにある実感があります。それも、私の幸せの大きな要素のひとつになっています。さらに私が活動を始めたときから、新たなメンバーが加わりサポートチームが徐々に大きくなりつつあります。本当にありがたいことです。

またこのコースには、恐怖を手放すエクササイズもあります。

これを行なったとき、自分では恐怖はもうないだろうと思っていたにも関わらず、意識していなかった恐れが出てきたのです。それは、自分のしていることへの責任と失敗への恐れでした。

　実は今もこの本を書きながら、少し感じています。出版物はブログとは違い、活字として長く残り、また大きな責任が伴うという認識があります。私の書いたことで影響を受け、良くない現実を創り出してしまう人がいないかと、また書いてある内容に対して非難や批判があるのではないかと、またブルースに迷惑をかけることになりはしないかと、背中がすーと寒くなる感覚があります。なんで慣れない原稿を書くような骨の折れることを始めてしまったのだろうと、ため息をつきそうな時、ガイドたちの言葉を感じました。

「この本は、あなただけで書いていると思っているのですか。私たちがいっしょに書いていることを忘れないでください。あなたひとりで取れる責任などありません。それに……」

　そうだったのです。私はあの日、「これからの人生とこの肉体をみなさんのために使ってもらってかまわない」と、非物質な存在たちに誓ったことを思い出しました。それ以来、私が私だけのために使う時間は存在しなくなったように感じます。そんなことを思っていると、私の中の恐怖心は、彼らの失笑とともに薄らいでいきます。

その恐れの根源がどこから来たのか、私はこのエクササイズで知ることができました。それは、ある過去世からのものでした。今度改めて、もう一度リトリーバルしてみようと思います。そうすれば、この恐怖心に再び苛まれることはなくなるかもしれません。

また私は「自己探索・セルフヒーリングコース」の内容を応用して、知人の悩みの相談に乗ったり、身体の不調の原因を探ったりしています。その度、その方の状況が改善されるだけでなく、私自身も多くのことを学ばさせてもらっています。

そんなふうに、このコースは大きな可能性を秘めているのを感じています。教えられるようになる日がとても楽しみです。

第16章

十年後のブルースの夢

ブルースのワークショップでは、なぜか最終日に打ち上げをするのが恒例になっています。２００９年春のワークショップでは、なったばかりのトレーナーたちが幹事になり、会場の近くのお店で打ち上げを行ないました。

ありがたいことに、ブルースや通訳さんも参加してくれました。ブルースは、そんなフレンドリーな場が大好きな、そしてビールも大好きな、気取らずに親しみやすいキャラクターの持ち主です。そんなところにも謙虚さを感じ、頭の下がる思いです。

さらにこのワークショップは、ブルースにとって忘れ難いほど充実したものだったようで、トレーナーコースから引き続きで疲れているにも関わらず、とても上機嫌でした。

ワークショップにトレーナーたちが同席したことで、素晴らしいエネルギーの高まりが感じられたと嬉しいコメントをいただき、私たちも感無量でした。

ブルースは本当にいつも控えめです。私たちトレーナーに対しても、関係者にも、「こうしなさい。これがいい」と強要するような言い方は一切しません。「こうなると嬉しいな。これがあるといいよね。こんなことはできないかな？　君はどうしたいの？　何かうまい方法はないかな？」という言い方でアプローチしてきます。

十日余りをともに過ごし、そんなブルースの徹底した対し方に、あれ？　誰かに似ている？　と思ったのです。そう！　ハイアーセルフガイドたちです。

第11章の「ヘルパーの役割」のところでお話した「信頼できるヘルパー」を思い出してください。そう、ブルースはこれにぴったり当てはまるのです。

ブルースは、ハイアーセルフクラスだということでしょう。とても納得できます。この2年あまりで、多くのガイドたちと接してきましたが、ブルースの近くにいるとき感じる波長は、ガイドたちの波長ととてもよく似ています。できるなら、私もそんなふうになりたいと思います。

きっと、そこにあるのは「無条件の愛」なのだろうと思います。

ブルースは、それを持っている数少ないひとりなのかもしれません。


そんな中で、ある参加者が「ブルースの夢は何ですか？」という質問をしました。

近くにいたものは、し〜んと耳を澄まします。

ブルースはしばらく宙を見つめてから、何かを噛みしめるように語りだしました。

「そう！　10年後、日本で凄いことを教えているらしいと、アメリカで話題になる。それはね、このワークショップだよ。そして、アメリカからこのワークショップを受けるために来日する人もいる。また、日本のトレーナーが、アメリカに呼ばれワークショップを開催する。そして、このワークショップの元祖は、実はアメリカだと聞いて彼らはびっくりするんだ。……その時、僕はこっちじゃなくて向こうの世界から、その様子をとっても嬉しく眺めているよ」

近くにいた英語が堪能な参加者が通訳してくれました。

聞いていて、胸がジーンと熱くなってきました。ブルースが向こうにいってしまっているのは寂しいけれど、もしそれが実現したら素晴らしいことです。

ブルースにとっては、異国の地である日本のトレーナーたちに、自分の夢を重ねてくれたことに心から感謝します。そして、あのときの遠くを見つめるようなブルースの瞳を私は忘れないでしょう。

この先、その夢に私自身の夢も重ねて行けたらと、そんな思いを強くしながら、この本がその始めの一歩になるように切に願います。

さらに、そこに集う人々に歓びや夢を見つける手伝いができたらと。

おわりに

最後のご挨拶に代えて、ガイドからのメッセージをお贈りします。

＊

探索の旅が　今　ここに始まる
汝《なんじ》ら感じし　喜怒哀楽を
超える世界が　そこにはあるだろう

それに触れしとき
悲しみの涙も　歓びの涙も
別の景色に　彩られる

探索の旅に　出でし者たち
汝らの世界の外に　広がりし
広大な世界の存在を　視るだろう

そこに踏み入りしとき
善なる者も　悪なる者も
別の意味を　持ち始める

遙かなるときの中に
刻まれし　人の営み
栄華と衰退を　繰り返すことに
いかなる意味があるのかを
いつか　知ることになるだろう

汝らが　意識の扉を開き
探索の旅へ　出発《たつ》ことを
我ら　楽しみに　待ち望む

お知らせ

☆ブルース・モーエン　ワークショップ☆

『死後探索』シリーズの著書であるブルース・モーエンが、モンロー研究所のヘミシンク体験をもとに、独自に開発したシンプルなテクニックを使い、死後の世界や非物質な世界とコンタクトする方法をお教えします。

★【ベーシックコース】（5日間）

❶「死後探索コース」（3日間）

初心者にもできるシンプルなテクニックを使い、死後の世界や非物質な世界を探索する方法を、実際にエクササイズを行ないながら学んでいきます。

また、そのために必要な知識を、ブルースの体験から得た洞察を加え、わかりやすく解説しながら進めていきます。

具体的には、円滑に探索が行なえるよう考案された「準備プロセス」と、魂の救出活動である「リトリーバル」、亡くなった方とのコンタクト方法などを学びます。

このコースの内容は、『死後探索マニュアル』に収録されていますので、独学も可能です。

❷「パートナー探索コース」（2日間）

探索した死後世界や、非物質な世界について検証する有効な方法を学びます。

パートナーで探索を行ない、お互いに共通の情報を認識することにより、実証できないエリアでの探索が検証可能になります。

そのための探索方法、記録の取り方、検証の仕方などを学ぶとともに、パートナーと待ち合わせるための非物質な世界の待ち合わせ場所を訪問し探索します。

そして、実際にグループでの探索エクササイズを通し、検証・分析の方法を学びます。

★【アドバンスコース】（5日間）「自己探索・セルフヒーリングコース」

自己発見、自己探求、自己ヒーリングのためのコースです。

ブルースや参加者が、自己の一部をリトリーバルした経験をもとに、開発されたプログラムです。

自己の一部とは何なのか、そのリトリーバルが自己ヒーリングにどのように繋がるか、また、自己のアイデンティティへの影響などを丁寧に解説しながら、実際のエクササイズとともに学んでいきます。また、私たち人間とは何者かを知り、意識の進化についての深い探求を得るために、死後世界のいくつかの場所を探索し、ハイアーセルフガイドとのコンタクトやコミュニケーションを確立することで探求していきます。

【トレーナー養成コース】「死後探索コース」

トレーナーとして、ワークショップを開催するために必要な事項をレクチャーします。

さらに、知識を深め共有するためのディスカッションと質問の時間も設け、より深い「死後探索」の知識を得るために役立つ情報を提供します。

このコースを受講後、ブルース・モーエン氏よりトレーナーとして認定されると、「死後探索コース」を教える資格が得られます。現在、必要に応じて不定期にて開催予定です。

《参加資格》ベーシックおよびアドバンスコースの両方を2回ずつ受講していること。さらに今後、体験のレポート提出が追加される可能性があります。

＊

2007年より、年に1~2回、ブルース・モーエンが来日し、通訳を付けてワークショップを行なっています。さらに2009年春、6名のトレーナーが世界で初めて誕生し、活動を開始しています。

私もそのひとりです。

トレーナーは、それぞれがワークショップを開催するとともに、協会を設立し、ブルース・モーエンの来日ワークショップの開催および、各ワークショップの参加者のフォローを含め、ブルース・

モーエンのメソッドを広め、活性化する目的で活動するため準備を進めています。協会の体制が整うまで、みな様しばらくお待ちください。

また、現在トレーナーは、「ベーシックコースの『死後探索コース』のみ」をお教えしています。

順次、ほかのコースについても開催できるよう準備を進めております。

この本は、「死後探索コース」と「パートナー探索コース」の個人的体験を中心に書きました。

★読んで聴いて効率アップ！

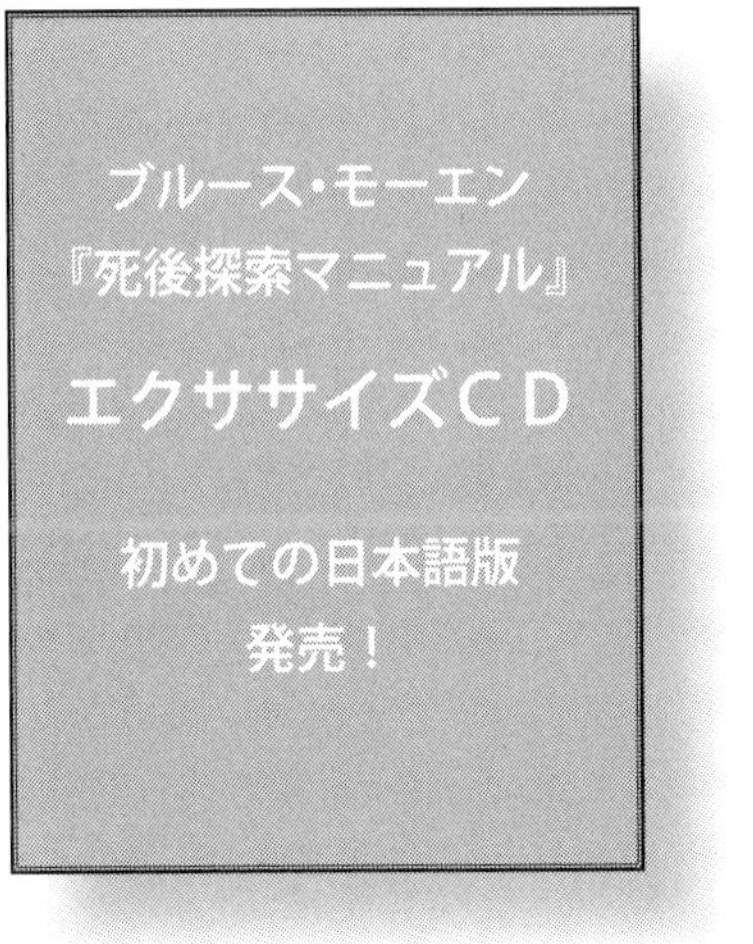

ブルース・モーエン著
『死後探索マニュアル』
Afterlife Knowledge Guidebook

本書のエクササイズＣＤ
「日本語版」が発売されます。
（2010年、夏予定）

販売元：ハート出版
定価：未定

参考文献・推薦図書

ブルース・モーエン著『死後探索1　未知への旅立ち』
ブルース・モーエン著『死後探索2　魂の救出』
ブルース・モーエン著『死後探索3　純粋な無条件の愛』
ブルース・モーエン著『死後探索4　人類大進化への旅』
ブルース・モーエン著『ブルース・モーエン　死後探索マニュアル』
坂本政道著『死後体験』『死後体験Ⅱ』『死後体験Ⅲ』
坂本政道著『SUPER　LOVE』　以上9点（ハート出版）
ブライアン・L・ワイス著『前世療法』『前世療法2』（PHP）
ブライアン・L・ワイス著『未来世療法』（PHP）
ジェラルド・G・ジャンポルスキー著『愛とは怖れを手ばなすこと』（サンマーク出版）
ジェラルド・G・ジャンポルスキー著『ゆるすということ』（サンマーク出版）
エンリケ・バリオス著『アミ小さな宇宙人』他、アミシリーズ（徳間書店）
ゲリー・ボーネル著『新・光の12日間』（徳間書店）
ゲリー・ボーネル著『超入門アカシックレコード』（徳間書店）
ゲリー・ボーネル著『アトランティスの叡智』（徳間書店）
葦原瑞穂著『黎明』上巻・下巻（太陽出版）
長島龍人著『お金のいらない国』1～4（『ネットワーク地球村』出版）
エーリッヒ・ショイルマン著『パパラギ』（ソフトバンククリエイティブ）
野口嘉則著『鏡の法則』（総合法令出版）

大槻優子（おおつき・ゆうこ）

ブルース・モーエン公認トレーナー。スピリチュアル ナビゲーター。

スピリチュアルとの出会いは、シャーリー・マクレーンの『アウト・オン・ア・リム』。

２０代の頃、上司に薦められて買った本を今も持っている。「答えはすべて自分の中にある」という言葉を抱きながら、結婚し子育てにいそしむ普通の主婦として２０年近くを過ごす。２００７年、参加したブルース・モーエンのワークショップにて死後世界とのコンタクトが可能になり、多くの体験や非物質存在との交流を重ねる。「人生の意味と目的」を知るとともに、そのメソッドの素晴らしさに共感し、２００９年、世界初のブルース・モーエン「死後探索」トレーナーのひとりとなる。

現在、「死後探索」公認コース他、オリジナルワークショップも開催している。

詳しくは、公式ホームページにて。

「LUCKY　YOU」 http://shigotansaku.com
またブログにてスピリチュアルな情報とガイドたちからのメッセージを公開中。

「幸せへのスピリチュアル・メッセージ」http://happyspiritualworld.blog119.fc2.com
「スピリチュアル・ワールドからのメッセージ集」http://luckyyou2100.blog92.fc2.com

カバー装丁：フロッグキングスタジオ

リトリーバル 過去世の救出 ―ブルース・モーエン流「死後探索」が私を変えた！―

平成22年4月6日　第1刷発行

ISBN978-4-89295-668-3　C0011

著　者　大槻優子
発行者　日高裕明
発行所　ハート出版
〒171-0014 東京都豊島区池袋3－9－23
TEL. 03－3590－6077　FAX. 03－3590－6078

印刷・製本／中央精版印刷
乱丁、落丁はお取り替えします。その他お気づきの点がございましたら、お知らせ下さい。

坂本政道の死後体験シリーズ

死後体験

これまでは「特別な能力」を備えた人しか行くことの出来なかった死後の世界を、身近な既知のものとして紹介。死後世界を「科学的」かつ「客観的」に体験した驚きの内容。

本体価格1500円

4-89295-478-0

死後体験Ⅱ

前作では行くことの出来なかった高い次元へのスピリチュアルな探索。太陽系は？　銀河系は？　それよりはるかに高く、遠い宇宙は？　見たことも聞いたこともない世界が広がる。

本体価格1500円

4-89295-465-9

死後体験Ⅲ

前2作を超え、宇宙の深淵へ。意識の進化と近未来の人類の姿。宇宙に満ちあふれる「生命」との出会いなど新たなる発見と驚きの連続。宇宙の向こうには、さらに無数の宇宙がある。

本体価格1500円

4-89295-506-X

死後体験Ⅳ

死後世界から宇宙へ、そして根源へといたる世界を克明にリポート。きたるべき人類大進化とは何か。地球生命系からの「卒業」とは。さらに高次の意識と生命体との出会いと感動。

本体価格1500円

978-4-89295-573-0